1 Großkirchheim	14 Alt-Finkenstein	27 Ebenthal	40 Pöckstein
2 Winklern	15 Eichelberg	28 Hardegg	41 Rastenfeld
3 Hohenburg	16 Piberstein	29 Liebenfels	42 Althofen
4 Stein im Drautal	17 Bach	30 Frauenstein	43 Althaus
5 Groppenstein	18 Glanegg	31 Kraiger Ruinen	44 Grünburg
6 Falkenstein	19 Gradisch	32 Hunnenbrunn	45 Mannsberg
7 Dornbach	20 Moosburg	33 Weyer	46 Waisenberg
8 Gmünd	21 Hallegg	34 Taggenbrunn	47 Frankenstein
9 Sommereck	22 Seltenheim	35 Niederosterwitz	48 Neudenstein
10 Ortenburg	23 Tentschach	36 Hochosterwitz	49 Griffen
11 Rothenthurn	24 Ehrenbichl	37 Thurnhof	50 Rabenstein
12 Wasserleonburg	25 Annabichl	38 Straßburg	51 Hartneidstein
13 Landskron	26 Hollenburg	39 Petersberg	52 Painhof

Von Türmen und Schlössern

Von Türmen und Schlössern

Hans und Berta Luschin

Kärntner Druck- und Verlagsgesellschaft m. b. H.

CIP-Kurztitelaufnahme der Deutschen Bibliothek

Luschin, Hans:

Von Türmen und Schlössern / Hans u. Berta Luschin. – Klagenfurt:

Kärntner Druck- u. Verl.-Ges., 1987.

ISBN 3-85391-064-5

NE: Luschin, Berta

Sämtliche Farbaufnahmen von Hans und Berta Luschin.

Der Abdruck der Bleistiftzeichnungen von Markus Pernhart erfolgte mit freundlicher Genehmigung des Verlags des Geschichtsvereins für Kärnten, Klagenfurt.

Die Abbildungen auf den Seiten 34, 53, 69, 80 und 94 stammen aus dem Werk „Kärnten um 1620 – Bilder der Khevenhüller-Chronik", erschienen in der Edition Tusch, Wien. Sowohl dieser wie auch dem Österr. Museum für angewandte Kunst wird für die Abdruck- bzw. Reproduktionserlaubnis herzlich gedankt.

Das Bild der Anna Neumann auf Seite 136 ist dem Buch „Anna Neumanin von Wasserleonburg – Die Herrin von Murau" von Wolfgang Wieland entnommen. Ihm wie auch der Schwarzenberg'schen Gutsverwaltung, Murau, danken wir für die Abdruckerlaubnis.

© 1987 by Kärntner Druck- und Verlagsgesellschaft m. b. H., Klagenfurt

Alle Rechte, auch die des auszugsweisen Abdrucks oder der Reproduktion einer Abbildung, sind vorbehalten.

Graphische Gestaltung und Layout: Wilfried Leo Kuß

Farbreproduktionen, Satz und Druck: Kärntner Universitäts-Druckerei, Klagenfurt
Buchbindearbeiten: Gerald Frauenberger, Neudörfl a. d. Leitha

Inhaltsverzeichnis

Einleitung	7
Alt-Finkenstein	14
Althaus	17
Althofen	19
Annabichl	21
Bach	23
Dornbach	25
Ebenthal	27
Ehrenbichl	29
Eichelberg	30
Falkenstein	32
Frankenstein	35
Frauenstein	37
Glanegg	41
Gmünd	44
Gradisch	47
Griffen	49
Groppenstein	51
Großkirchheim	54
Grünburg	56
Hallegg	58
Hardegg	60
Hartneidstein	62
Hochosterwitz	64
Hohenburg	71
Hollenburg	74
Hunnenbrunn	77
Kraiger Ruinen	79
Landskron	82
Liebenfels	84
Mannsberg	87
Moosburg	89
Neudenstein	91
Niederosterwitz	93
Ortenburg	95
Painhof	97
Petersberg	99
Piberstein	104
Pöckstein	106
Rabenstein	108
Rastenfeld	111
Rothenthurn	113
Seltenheim	115
Sommereck	117
Stein im Drautal	119
Straßburg	123
Taggenbrunn	126
Tentschach	128
Thurnhof	130
Waisenberg	132
Wasserleonburg	134
Weyer	137
Winklern	139
Fachausdrücke	141
Literaturverzeichnis	142

Einleitung

Groß ist die Zahl der Burgen und Schlösser in Kärnten, wie dies eindrucksvoll in den grundlegenden Werken von Franz Xaver Kohla, Hermann Wiessner und Hugo Henckel dokumentiert wird.
Schon in der Zeit der karolingischen Herrschaft entstanden im damaligen Karantanien als Vorläufer der späteren Burgen und Schlösser wehrhafte Bauten, wie wir sie im Bereich der königlichen Pfalzen von Moosburg und Karnburg finden. Dabei handelte es sich meist um aus Holz errichtete Gebäude, die durch Wälle und Palisadenzäune gesichert wurden. Wegen der Leichtbauweise sind Reste solcher Wehrbauten jedoch nur spärlich nachweisbar.
In der Folge entwickelten sich diese ersten Ansätze wehrhafter Bautätigkeit weiter, und im Laufe des 11. Jahrhunderts wurde der Baustoff Holz zunehmend durch das beständigere und widerstandsfähigere Steinmaterial ersetzt. Die vornehmlich nur kleinen Burganlagen wurden an strategisch bedeutsamen und daher oft in der Ebene liegenden Plätzen errichtet, sei es im Bereich von Brücken und wichtigen Verkehrswegen oder an Stellen, die besonders geschützt werden mußten. Wo nicht die natürliche Beschaffenheit des Geländes den Burgplatz ausreichend schützen konnte, setzte man spezielle Verteidigungsmaßnahmen, indem die Wehrbauten beispielsweise durch künstlich angelegte Wassergräben gegen feindliche Übergriffe geschützt wurden. Kernstück einer derartigen Wehranlage war jeweils ein massiver Steinbau mit turmartigem Charakter. In diesem *Festen Haus* spielte sich das tägliche Leben ab, das heißt der Wehrturm hatte eine Doppelfunktion in dem Sinne, daß er zwar zur Verteidigung eingerichtet, vornehmlich jedoch zu Wohnzwecken bestimmt war. Das Innere des Turmes wurde durch das Einziehen hölzerner Tramdecken in übereinanderliegende, kleine Räume geteilt. Diese stets von Dämmerlicht erfüllten, weitgehend fensterlosen und aus Gründen einer besseren Verteidigbarkeit nur mit schmalen Lichtschlitzen versehenen Stockwerke mit ihrem unverputzten Mauerwerk genügten lediglich einfachsten Anforderungen an die Wohnqualität. Betreten konnten diese Türme ausschließlich durch Hocheinstiege werden, die ihrerseits nur über Leitern in einfachster Ausführung erreichbar waren. Näherte sich ein Feind, wurde diese Aufstiegshilfe rasch eingezogen, und der Angreifer hatte kaum die Möglichkeit, den in beträchtlicher Höhe über dem Erdboden liegenden Turmeingang, der überdies von innen verrammelt werden konnte, zu durchbrechen.
Im Inneren des Turmes war durch Löcher in den Tramdecken eine Begehung der verschiedenen Stockwerke ebenfalls zunächst nur über Leitern möglich. Erst später wurden Steintreppen angelegt, welche die einzelnen Geschosse miteinander verbanden.
Eine sich innerhalb des Wehrturms befindliche Menschengruppe konnte vor feindlichen Zugriffen zunächst relativ sicher sein, denn eine Zerstörung der meist in bedeutender Stärke ausgeführten Turmmauern war mit den damals vorhandenen Kampfmitteln nicht leicht möglich. Überdies war der Fuß des Turmes aus der Höhe bestens einsehbar, denn zuoberst besaßen viele Türme eigene Wehrgeschosse, von wo aus sich die Verteidiger unter Zuhilfenahme von einfachen Wurfgeschossen gegenüber den Angreifern behaupten konnten.
Längeren Belagerungszuständen vermochten die solcherart Verschanzten allerdings kaum zu widerstehen, wurden erst einmal die im Turm befindlichen Wasservorräte und die Reserven an Nahrungsmitteln knapp.

In Nachbarschaft zu diesem Wehrturm findet sich sehr bald auch ein einfacher Kapellenbau. Beide Gebäude waren üblicherweise von einem steinernen Bering umgeben, in dem ein einfaches Tor in den kleinen Burghof führte, wobei dieses nicht eigens befestigt war, da es ohnehin im Verteidigungsbereich des Turmes lag. Die außerhalb des Berings liegenden Wirtschaftsgebäude waren nach wie vor weitgehend aus Holz und fielen oft feindlichen Brandanschlägen zum Opfer, wodurch die Angegriffenen in ihrer wirtschaftlichen Situation geschwächt wurden.

Bald entstand neben dem Wehrturm auch ein einfacher Saalbau, der später zum repräsentativen und mehr Wohnqualität bietenden Palas erweitert wurde.

Dieser Umstand führte dazu, daß die Türme in friedlichen Zeiten, wenn kein Angriff zu erwarten und keine Fehde im Gange war, zunehmend ihren Zweck als Wohnstätte einbüßten und von ihren Besitzern nur noch angesichts eines möglichen Angriffs mit dem wichtigsten Hab und Gut aufgesucht und als Schutzraum benützt wurden. Mit Vorliebe hielt sich der Ritter nunmehr im benachbarten Palas auf, um der Beengtheit des Turmes zu entgehen. In den ausgedehnteren Räumlichkeiten des Wohntraktes fand man ausreichend Bewegungsfreiheit vor, und man konnte wesentlich mehr Räume einer gesonderten Bestimmung zuführen. Der größte Raum war für Festlichkeiten und Anlässe aller Art vorgesehen, er diente als Gesellschaftsraum und repräsentativen Zwecken.

Mit Übergang zum 12. Jahrhundert wurden Wehranlagen in zunehmendem Maße auf höhergelegenen und erschwert zugänglichen Standorten errichtet. Der Grund dafür ist einerseits in der besseren Verteidigbarkeit zu suchen, andrerseits wohl auch auf den Umstand zurückzuführen, daß der Adel seine beherrschende Stellung innerhalb der damaligen Gesellschaftsstruktur schon rein optisch durch den Bau von Höhenburgen demonstrieren wollte, welche als Statussymbol die herkömmlichen Siedlungen überragten und einen vortrefflichen Ausblick über die umliegenden Besitzungen bieten konnten. Nannten ursprünglich nur Landesfürsten und bedeutendere Dynastenfamilien eine Burg ihr eigen, so sorgten im Laufe des 11. und 12. Jahrhunderts die Ministerialengeschlechter und der Ritterstand dafür, daß die Zahl solcher Wehrbauten ständig stieg. Als Anerkennung für Leistungen im Zusammenhang mit Waffendienst, Treue- und Gefolgschaftspflicht erlangten viele Ministerialen vom zuständigen Lehensherrn die Erlaubnis, auf den geliehenen Herrengütern eine Burg zu errichten.

So entstanden vornehmlich in Mittel- und Unterkärnten, aber auch im Oberland, viele Burgen, bis schließlich ein weit verzweigtes Netz derartiger Bauwerke die Absicherung der Grenzen, der Verkehrs- und Handelswege sowie der Interessen des Landesfürsten und seiner adeligen Gefolgschaft gewährleistete.

Darüber hinaus war auch die Kirche in Kärnten von bedeutendem Einfluß, hatten doch das Erzbistum Salzburg sowie die Bistümer Bamberg und Gurk ausgedehnte Ländereien und damit auch weltliche Macht inne, denn die kirchlichen Besitzungen unterstanden nicht dem Landesfürsten.

In der zweiten Hälfte des 12. Jahrhunderts wurden die meisten Burganlagen weiterhin von einem mächtigen Turmbau, dem sogenannten Bergfried dominiert, der

innerhalb eines starken äußeren Mauerringes in Nachbarschaft zu den Wohnbauten und zur Kapelle lag. Zunehmend wurden jedoch auch Wirtschaftsgebäude in den Schutzbereich der Burg einbezogen, wodurch weitläufige Gebäudekomplexe entstanden, die sich um einen Burghof gruppierten.
Gesichert mußte vor allem auch die Wasserversorgung sein, indem man Zisternen zum Auffangen des Regen- und Schmelzwassers benützte oder, wo es die Beschaffenheit des Bodens zuließ, tiefe Brunnen grub.
Wesentlich verstärkt wurde die Wehrhaftigkeit indes durch die geschickte Ausnützung der Geländebedingungen, wobei allein schon schwer zugängliche, felsige Höhen und schroffe Bergabstürze die Unangreifbarkeit mancher Burgen bedingten. An drei Seiten durch Abgründe geschützt, war es relativ leicht, die Burg an der einzig verwundbaren Angriffsseite durch ausgeklügelte Verteidigungseinrichtungen zusätzlich zu schützen.
Die Blütezeit des Burgenbaues fällt ins späte 12. und vorwiegend ins 13. Jahrhundert, wobei in Kärnten verschiedene Bauformen auftraten. Bemerkenswert ist in dieser Hinsicht vor allem die Anlage von Zwillingsburgen. Ihr äußeres Erscheinungsbild wurde durch zwei in der Regel getrennt aufragende Turmbauten bestimmt, wobei oft der schon aus älterer Zeit stammende, einst bewohnte Wehrturm mit kleinem Bering durch einen in seiner Nähe liegenden, neu erbauten Bergfried ergänzt wurde, wodurch der alte Turm gegenüber der Hauptburg zunehmend die Funktion eines Vorwerks, Wach- oder Signalturms zugeteilt erhielt. Es bedurfte allerdings einer bedeutenden Stellung der jeweiligen Adelsfamilie innerhalb der Herrschaftsstruktur, um einen Herrensitz in dieser besonderen Form errichten zu dürfen.

Der neue Hauptturm war ebenfalls mit Wehreinrichtungen versehen und besaß äußerlich oft vornehme Bauelemente, wie Zinnenbekrönung und dekorative Fenstergruppen. Letztere wurden wahrscheinlich aus der sakralen Architektur übernommen.
Mehr als je zuvor hatte der Turm neben seiner Verwendung im wehrtechnischen Sinne auch repräsentative Bedeutung und unterstrich symbolträchtig die Machtposition seines Besitzers.
Die bestehenden Ritterburgen wurden im 13. und 14. Jahrhundert durch vorgelagerte Befestigungseinrichtungen, wie Wachtürme und Zwinger, erweitert. Dadurch entstanden oft mehrere Burghöfe, die durch Torbauten eigens gesichert waren. Die Verbindung zwischen den einzelnen Trakten der Burg erfolgte später durch Errichtung hofseitiger Arkadengänge.
Der Bering wurde vielfach verstärkt und streckenweise mit Zinnenabschluß und an der Innenseite mit hölzernen Wehrgangskonstruktionen versehen. Die gotischen Zwingerburgen waren nicht nur Bollwerke gegen eine Bedrohung durch äußere Feinde, sondern im besonderen auch Mittelpunkt der jeweiligen Adelsherrschaft, wobei viele Burgen als Sitz eines Landgerichtes und als Verwaltungsstandort dienten.
Die herrschaftlichen Burganlagen wurden mancherorts im Laufe des 15. und bis ins 16. Jahrhundert durch weitere Vorbefestigungen, Mauertürme und Zwinger bereichert. Die oft zahlreichen Burgtore führten durch eigene Tortürme mit vorkragenden Wehrobergeschossen. Zwinger und vorgelagerte Zugbrücken sowie Gußerker, Fallgitter und Schießscharten sicherten die Eingänge.

Einige der Burgen erhielten letztlich durch Errichtung von Bastionen und Kasematten sogar festungsartigen Charakter, doch hatten bereits Entwicklungen eingesetzt, die zum raschen Niedergang des herkömmlichen Burgenbaues führen sollten.

In der Zeit der Bedrohung durch Türken und Ungarn im ausgehenden 15. Jahrhundert erfüllte die Burg nochmals ihre Funktion als Schutzraum, üblicherweise allerdings nur für den Burgherrn und dessen Gefolgschaft, während die abgabenpflichtigen, unfreien Bauern, welche die zur jeweiligen Herrschaft gehörigen Landgüter bewirtschafteten, im besonderen aber die übrige ländliche Bevölkerung sich nur selten hinter die schützenden Burgmauern retten konnten. Da sich der Adel auf den Burgen in Sicherheit befand, sah er, entgegen der Verpflichtung zur Verteidigung des Landes, keinen Anlaß, sich im Kampf gegen die Türken sonderlich zu engagieren. Einige kleinere Unternehmungen in dieser Richtung hatten keine nennenswerte Wirkung und konnten die Osmanen nicht in ihre Schranken weisen.

Während die Türken infolge ihrer leichten Bewaffnung kaum mühsame Burgbelagerungen durchführten, litt die bäuerliche Bevölkerung sehr unter den wiederholten Übergriffen türkischer Horden, die mordend, raubend und brandschatzend weite Teile Kärntens verunsicherten.

Zwar wurden viele Kirchen unter großen Opfern der Bauern angesichts der Türkeneinfälle in aller Eile mit Wehreinrichtungen versehen, doch konnten diese infolge ihrer Einfachheit und geringen Widerstandskraft meist keinen ausreichenden Schutz bieten.

Auch als ungarische Truppen im Zuge der Auseinandersetzungen zwischen Kaiser Friedrich III. und dem Salzburger Erzbischof Bernhard von Rohr, der mit Matthias Corvinus verbündet war, in Kärnten einmarschierten, hatte die Landbevölkerung sehr unter der fremden Besatzung zu leiden. Diesmal waren auch einige Burgen betroffen, die von ungarischen oder kaiserlichen Truppen belagert, eingenommen und als Stützpunkt verwendet wurden. Die Mehrzahl der wehrhaften Adelssitze blieb jedoch weitgehend unbehelligt.

Durch die Entwicklung der Geldwirtschaft und Mißstände im Feudalsystem nahm die Unzufriedenheit des ausgebeuteten Bauernstandes ständig zu, und es drohten revolutionäre Aufstände. Daher kam es dem Adel nicht ungelegen, daß die bäuerliche Bevölkerung durch die türkische Bedrohung zunächst von Aktionen gegen die rücksichtslose Unterdrückung abgehalten wurde.

Als nach dem Rückzug der Türken und Ungarn dennoch Bauernaufstände aufflammten, wurden diese gewaltsam niedergeschlagen und das Los der Unterdrückten weiter verschärft.

Manche Adelsfamilien besaßen nach wie vor die befestigten Wehrbauten in der Ebene, die vorübergehend an Bedeutung verloren hatten, als es dem Trend entsprach, in hochliegenden Burgen zu hausen. Im Laufe der weiteren militärischen, wirtschaftlichen und sozialen Entwicklungen verloren jedoch die Felsenburgen an Bedeutung, und es kam wieder zur Aufwertung der, oft nur noch als Vorwerke verwendeten, kleinen Burganlagen, welche seit altersher in der Ebene standen und teilweise bereits im Verfall begriffen waren.

Der Schwerpunkt der Verwaltung verlagerte sich durch Aufschwung des Bürgertums, des Handels, des Bergbaues und der Geldwirtschaft zunehmend in den städtischen Bereich, wodurch die hochgelegenen Burgen weiter an Bedeutung verloren. Vielfach wurden diese im 15. und 16. Jahrhundert von den Lehensherrn verpfändet oder in Pflege gegeben, was dazu führte, daß sich ihr schwer erhaltbarer Bauzustand rasch verschlechterte.

Mit fortschreitender Zeit war überdies das alte Lehensverhältnis oberflächlich geworden, was schließlich dazu führte, daß das einstige Lehen vielfach als Eigenbesitz angesehen und veräußert wurde, wodurch die Besitzer von Liegenschaften häufig wechselten.

Viele der alten Burganlagen in der Ebene wurden nun im Renaissancestil großzügig erweitert und nahmen trotz Beibehaltung wehrhafter Elemente, wie Türme, Scharten und Zugbrücken, einen schloßähnlichen Charakter an.

Es entstanden jedoch auch neue Schloßbauten, eine Entwicklung, die sich über das 16. Jahrhundert hinaus vor allem im 17. Jahrhundert fortsetzte. Bauherren waren unter anderem zunehmend der niedere Amtsadel und Angehörige des Großbürgertums, die durch Handel und Bergbau zu Reichtum und Ansehen gekommen und in den Adelsstand erhoben worden waren. Mit dem Aussterben vieler alter Dynastien und Ministerialengeschlechter war auch die Kontinuität der Besitzverhältnisse zu Ende gegangen, denn die Übernahme vieler Ansitze durch den Geldadel führte ebenfalls oft zu raschem Wechsel der Eigentümer.

Im Sinne des absolutistischen Systems war der Adel bestrebt, neue Repräsentationsbauten und Residenzen zu schaffen, welche an Geräumigkeit und Ausstattung die bisher üblichen Bauformen weit übertreffen sollten.

Vielfach wurde der Baustil der Schlösser stark von der italienischen und französischen Architektur beeinflußt. In den Städten entstanden Paläste und in der Umgebung Schlösser und Herrenhäuser. Gründe für die Verlegung der Wohnsitze sind jedoch auch in den Forderungen zu suchen, welche der Adel seit längerem an die Wohnqualität stellte. Der beschwerliche Zugang zu den hochliegenden Burgen, ihre oft geländebedingte Beengtheit des Raumes und die somit eingeschränkten Wohnmöglichkeiten, die umständliche Versorgung und schwierige Instandhaltung führten dazu, daß die Ansitze im Tal rasch an Beliebtheit gewannen.

In Anbetracht der revolutionierenden Entwicklungen in der Waffentechnik, insbesondere in jener der Feuerwaffen, konnte die Modernisierung althergebrachter Verteidigungseinrichtungen an Burgen nur ein letztes Aufbäumen einer längst überkommenen Bauform bedeuten.

Da der ursprüngliche Zweck des Burgenbaues, nämlich der als Schutzraum, nicht mehr den Erfordernissen gerecht werden konnte und innerhalb der adeligen Gesellschaftsschicht, welche zunehmend durch den neu aufgekommenen Geldadel bestimmt wurde, nur wenig Bereitschaft gegeben war, die nutzlos gewordenen Burgen lediglich aus Traditionsgründen zu erhalten, setzte der rasche Niedergang vieler alter Bauwerke ein. Der zeitliche Verfallsprozeß wurde vielerorts noch durch Menschenhand beschleunigt.

Unter anderem sah ein Steuergesetz vor, daß die Berechnung der Höhe der Abgabenpflicht eines Burgeigentümers aufgrund der Größe der gesamten Dachfläche seiner Burg vorgenommen werden sollte. So nimmt es nicht wunder, daß desolate Dachflächen nicht mehr repariert oder deren Abdeckung sogar mutwillig zerstört wurde, nur um die Steuerlast auf diese Weise niedrig zu halten. So verfiel aus Unverstand und

finanziellen Gründen manch erhaltenswertes Gut und ging der Nachwelt rettungslos verloren.
Viele der einstigen Adelssitze wechselten im 19. Jahrhundert in bäuerlichen Besitz über, wobei den meisten Eigentümern die Instandsetzung der augenscheinlich unnützen Gemäuer nicht sinnvoll erschien.
Die Restaurierung alter Burgen und Schlösser stellte in erster Linie ein finanzielles Problem dar, welches sich bis in unsere Gegenwart nicht nur erhalten, sondern noch verstärkt hat. Idealismus allein kann nicht alles bewirken, denn es erfordert einen immensen Aufwand an Geldmitteln, um den Anforderungen zu genügen, welche die Bewahrung von traditionellem Baugut stellt.
Obwohl manche Objekte bereits rettungslos verfallen, ist doch auch ein gegenläufiger Trend festzustellen, der dazu führt, daß schon aufgegebene Baudenkmäler im letzten Augenblick vor dem endgültigen Zusammenbruch gerettet werden können. Staatliche Förderung im Sinne des notwendigen Denkmalschutzes sowie beträchtliche private Eigeninitiative und Kostenbeteiligung haben bewirkt, daß gerade im vergangenen Jahrzehnt vielerorts Sicherungs- und Restaurierungsmaßnahmen an Burgen und Schlössern einsetzten sowie Versuche zur Revitalisierung dieser Bauwerke unternommen wurden. Würden diese Bemühungen fortgesetzt und verstärkt, könnten noch weitere, von ihrer Bausubstanz historisch bedeutsame Objekte vor dem endgültigen Verfall gerettet werden.
Im vorliegenden Band führt eine Wanderung durch Kärnten zu insgesamt zweiundfünfzig der imposantesten Burgen, Schlösser und Ruinen, um in Wort und Bild einen Eindruck jener Bauwerke zu vermitteln, die Zeugen einer bedeutungsvollen historischen Vergangenheit sind.

Blick von Sörg gegen die Karawanken; im Vordergrund die Ruine Liebenfels, ein Wahrzeichen Kärntens, dessen zahlreiche Burgen und Schlösser eindrucksvolle Zeugen der Vergangenheit sind

Alt-Finkenstein

Südwestlich des Faaker Sees liegt auf einem Felshügel am Abhang des Mallestiger Mittagskogels die teilweise noch gut erhaltene, in den letzten Jahren restaurierte Ruine der Burg Alt-Finkenstein.
Der ansteigende Burgweg beginnt neben vorgelagerten Wirtschaftsgebäuden und läßt zunächst ein ehemals durch Fallgitter gesichertes Vortor erreichen. Steinstufen führen dann durch weitere Tore zum Innenhof der Burg, wobei das mit gotischer Profilierung versehene dritte Tor (erbaut nach 1508) das Wappen der Herren von Dietrichstein trägt.
Der Ruinenkomplex der Hauptburg stammt aus verschiedenen Bauperioden, es finden sich sowohl romanische als auch spätgotische Elemente.
Der älteste Teil, ein quadratischer Bergfried, stand im südlichen Teil der Anlage. An diesen wurden später ein Halbrundturm sowie Waffen- und Vorratskammern nebst Wohnstätten für die Wachmannschaften angebaut. Die Burgkapelle, die noch Reste von spätgotischen, profilierten Diensten zeigt, befindet sich ebenfalls an der Südseite, während im Westen ein durch einen tieferliegenden Zwinger geschützter, weitläufiger, zweigeschossiger Palas stand, dessen Außenwand mit ihren hochliegenden Kielbogenfenstern noch heute das charakteristische Bild der Burg bestimmt.
In die nordseitige Burgmauer wurde ein vorspringender Rundturm eingebaut, der seltene Runddienste mit Wulstkapitellen besitzt.
Urkundlich wird das bambergische Finkenstein 1142 erwähnt. Das mit der Burg belehnte Ministerialengeschlecht der Finkensteiner saß bis zum Beginn des 14. Jahrhunderts auf der Feste, welche danach in den Besitz der Kärntner Herzöge kam, die sie verschiedenen Adelsfamilien verpfändeten.
1469 weilten die Kinder Kaiser Friedrichs III., Maximilian und Kunigunde, auf Finkenstein, um nicht den Gefahren der damals zwischen dem Kaiser und Albrecht VI. ausgebrochenen Kämpfe ausgesetzt zu sein.
1486 kamen der Bischof von Caorle und dessen Sekretär, Paolo Santonino, die sich auf einer Visitationsreise befanden, auf Einladung des damaligen Burghauptmannes Sigismund Schodel und dessen Frau Omelia nach Finkenstein. In seinem Reisetagebuch beschreibt Santonino in lobender Weise die freundliche Art seiner Gastgeber und gibt anschließend eine ausführliche Würdigung der ihnen und anderen kirchlichen Würdenträgern zuteil gewordenen üppigen Bewirtung:

Wir hatten als ersten Gang zwei gemästete Kapaune, im eigenen Safte gedünstet. Diese waren so fett, daß bei ihnen kaum die Knochen zu finden waren; als zweiten Gang einen Hasen mit viel Brathühnern und Lendenbraten vom Rinde; als dritter Gang wurden Rüben mit Speck aufgetragen, ein feines Gericht; viertens Fleisch vom jungen Bären in Pfeffersoße; an fünfter Stelle wurden aufgetischt Kuchen aus Eiern und Milch, in der Pfanne gebacken und mit Safran gefärbt, mit Schweinefett und Gewürzen abgeschmalzen und übergossen; sechstens Hasenfleisch, Hühnerklein und Hühnerlebern in einer aus Hühner- und Hasenblut gekochten und mit verschiedenen Gewürzen und ein wenig Essig versetzten Suppe. Diese Speise nannten sie wegen der schwarzen Farbe „Fleisch der Dunkelheit"; siebentens Hirse in fetter Fleischsuppe gekocht, in einer weiten und blanken Schüssel aufgetragen, darüber viele fette Wachteln; als letztes wurde den Mahlgenossen eine Schüssel voll Rahm geschenkt. Das war für alle und besonders für den Herrn Bischof, der sich an erster Stelle wohl bedacht hatte, ein Leckerbissen.

Bei einem weiteren Festmahl während ihres Aufenthaltes *wurden als erster Gang schon aufgetragen Mandelmilch und Suppe, in der aufgeweichtes frisches Weißbrot in kleinen Brocken schwamm, als zweiter Gang frische Fische, gesotten, als dritter Gemüse mit gebackenen Forellen; als vierter Suppe von ausgelösten Krebsen in Wein, mit Gewürznelken versetzt; als fünfter Feigen in Wein, und zwar bestem Rebolio, gekocht und mit herumschwimmenden Mandeln gewürzt; als sechster Reis, gekocht, mit Mandelcreme übergossen und in der Mitte Mandelkerne eingesteckt, welche Speise auf Deutsch „Weltmutter" heißt. Das siebente Gericht waren eine Masse Forellen, in Wein gesotten, von bestem Geschmacke; achtens eine Fülle Krebse von wunderbarer Größe, in Wein gesotten; neuntens Bäckereien (Busserln, Plätzchen) von der Größe zweier Hostien, in eine Schüssel getan und, mit Weinberln untermischt, zu einer Masse verarbeitet, dann, mit Oblaten umgeben, in die Backpfanne eingelegt, hernach Tellerportionen mit Staubzucker angerichtet, süß und herzerfrischend; als Nachtisch wurden Birnen verschiedener Gattungen mit frischen Äpfeln und Nüssen gegeben.*

Ab 1508 hatten die Dietrichsteiner die Herrschaft Finkenstein inne. Sie ließen die Burg ausbauen und bemühten sich, ihren Machtbereich in Kärnten zu erweitern, so daß sie letztlich neben Finkenstein auch Hollenburg, Velden und Landskron innehatten.

Bis 1861 blieb Alt-Finkenstein, das inzwischen durch den Bau des Schlosses Neu-Finkenstein, in der Ebene bei Gödersdorf gelegen, verlassen und dem Verfall preisgegeben worden war, im Besitz des Hauses Dietrichstein.

In späteren Jahren kaufte Ludwig Wittgenstein (1913) die Burg, 1945 gelangte diese an die Österreichischen Bundesforste, welche sie an die Familie Satran verkauften, die dem Verfall der Ruine durch Restaurierung entgegenwirkte und eine Burgtaverne einrichtete. Über das Anbieten kulinarischer Gaumenfreuden hinaus sind jedoch auch die ständigen Bemühungen der derzeitigen Besitzer hervorzuheben, verschiedenen kulturellen Veranstaltungen Platz zu bieten, die in der im Innenhof der Ruine errichteten Arena in Szene gehen können.

Schautafel am Fuße des Burgberges von Alt-Finkenstein

Ruine der Burg Althaus nahe der Landesgrenze zwischen Kärnten und Steiermark

Althaus

Nahe dem geschichtsträchtigen Noreia und der Landesgrenze zwischen Kärnten und Steiermark liegt in althergebrachtem Bergbaugebiet (Eisen, Kupfer, Silber) die Ruine der Burg Althaus, welche am besten über die Straße von Hüttenberg nach Mühlen erreichbar ist. Auf Höhe der rechtsliegenden Ruine Silberberg bzw. des Schlosses Hörbach führt eine linker Hand abbiegende, schmale Straße durch eine sumpfige Niederung zu einem höherliegenden bäuerlichen Anwesen, in dessen unmittelbarer Nachbarschaft die Ruine auf steilem, felsigem Hügel emporragt.

Sie hinterläßt durch ihre dunklen Mauern, die beträchtliche Stärke aufweisen, noch heute einen ausgeprägt wehrhaften Eindruck. Leicht läßt sich nachempfinden, daß diese kleine Burg zu Zeiten, als im umliegenden Gebiet viele Erzbergbaue angesiedelt waren, ihrer Schutz- und Überwachungsfunktion durchaus gerecht werden konnte.

Vorhanden ist heute noch der Torso eines über rechteckigem Grundriß aufstrebenden, turmartigen Festen Hauses, welches in seiner Entstehung dem frühen 13. Jahrhundert zugeordnet werden kann. Der viergeschossige, eckgefaßte Bau mit kleinem Tor im Süden erhielt nach 1449 durch nachträgliches Einziehen von Zwischenmauern, durch Errichtung einer Stiegenanlage und Einwölbung der alten Flachdecken in den neu entstandenen Räumen einen wohnlicheren Charakter. Rudimente einer vorhanden gewesenen Burgkapelle sind im zweiten Geschoß nachweisbar.

Da der Wohnturm teils durch die Beschaffenheit des Geländes, teils durch Wall- und Grabenanlagen geschützt war, sind keine Reste von sonst bei Burgen üblichen Ringmauern vorhanden.

Urkundlich wird die Burg erstmals 1247 erwähnt, als sie im Besitz des Freien Wulfingus de Huse stand, dessen Nachkommen jedoch bald ausstarben.

Bereits 1279 fiel die Burghut über das salzburgische Althaus an Ortolf von Saurau, einen steirischen Adeligen.

1396 gab Erzbischof Gregor von Salzburg die Burg dem Bischof Konrad von Lavant in Pflege. Nachdem sich die *veste zue dem Altenhaws* 1449 bereits in desolatem Bauzustand befand, wurden Renovierungen und Umbauten durchgeführt.

In der zweiten Hälfte des 16. Jahrhunderts dürfte die Burg von ihren Besitzern als Wohnstätte aufgegeben worden sein, denn ein Balthasar von Altenhaus lebte um 1573 bereits auf der nahegelegenen Burg Silberberg. Da jedoch im 16. Jahrhundert in dieser Gegend eifrig Silberabbau betrieben wurde, übte Althaus noch weiterhin eine wichtige Funktion als Wehrbau im Rahmen der notwendigen Überwachung und Sicherung der mit dem Bergbau verbundenen Belange aus.

Erst mit dem Verfall der Erzgewinnung verlor auch die Burg an Bedeutung und wurde der zeitlichen Zerstörung preisgegeben.

Ruine Althaus (nach einer Bleistiftzeichnung von Markus Pernhart)

Althofen

Althofen liegt teils als Oberer Markt auf der Höhe eines von Norden her zum Krappfeld abfallenden Bergrückens, teils als Unterer Markt südöstlich am Fuße dieses Abhanges.
Der Burgberg des Oberen Marktes ist uralter Kulturboden, in dessen Bereich urgeschichtliche, keltische und römerzeitliche Funde gemacht wurden. Schon 953 schenkte Otto I. das königliche Gut *curtis et castellum in loco Crapofelt* dem Salzburger Erzbischof. Zwischen 1041 und 1060 wird *Altanhouun* urkundlich genannt, und 1268 erhielt der untere Ort bereits das Marktrecht, welches 1307 auf den oberen Ort überging. Daraufhin

erlangte der Obere Markt 1309 das Recht zur Errichtung von ausgedehnten Umfassungsmauern und von Wachtürmen, welche die bereits dort bestehenden und teilweise von einem Bering umgebenen Bauwerke, wie die Kirche, die auf Bestände aus ottonischer Zeit zurückgehende Burg und die Fronfeste samt Turm aus dem 12. Jahrhundert im Norden sowie die Burgsiedlung zusätzlich schützen sollten. Südlich der Pfarrkirche St. Thomas von Canterbury entstand im Laufe des 13. Jahrhunderts ein schloßartiger Bau, der jedoch durch Umgestaltung im 16. Jahrhundert und später seinen ursprünglichen Charakter verloren hat. Im Süden des Burgberges, wo die Auffahrt aus dem Unteren Markt heranführte, wurde zur Sicherung des Burgweges ein viergeschossiger, massiver, quadratischer Bergfried errichtet, der einen eigenen Bering besaß, in dessen Bereich später ein Wohngebäude entstand. Der hölzerne Aufbau des bis heute gut erhaltenen Turmes stammt erst aus dem Jahre 1957.

Althofen war im Mittelalter wichtiger Umschlagplatz für Roheisen aus Hüttenberg, das zuerst im Unteren, ab 1307 aber im Oberen Markt gewogen und weiterverhandelt wurde. Als 1399 die Herzogstadt St. Veit ebenfalls das Niederlagsrecht für Hüttenberger Eisen erlangen konnte, verlor das salzburgische Althofen in dem nun entstehenden, langdauernden Konkurrenzkampf zunehmend an Boden und büßte bis zum Beginn des 16. Jahrhunderts den Großteil seiner wirtschaftlichen Bedeutung ein. Zwischen 1480 und 1490 war Althofen Stützpunkt ungarischer Truppen, die unter Hans Haugwitz den Markt besetzt hielten. Dieser wurde auch durch die Bekämpfung des Bauern- und Knappenaufstandes seitens ständischer Truppen im Jahre 1515 in Mitleidenschaft gezogen.
Später sah man Althofen auf Seite der Lutheraner, so daß hier von 1565 bis 1583 der als Kärntner Geschichtsschreiber bekannte Gothard Christalnigg als Pastor wirken konnte.
1622 wurde der Markt von in Not geratenen Hüttenberger Knappen geplündert, 1625 wütete in Althofen die Pest, und 1660 fiel ein Teil der Siedlung einer Feuersbrunst zum Opfer.
Bereits 1609 hatte der Hüttenberger Eisengewerke Karl Veldner im südwestlich von Althofen gelegenen Ort Treibach einen Eisenflußofen bauen lassen, eine Anlage, die später zum Großbetrieb erweitert und nach dem Niedergang des Eisenbergbaues von Karl Auer von Welsbach in eine elektro-chemische Versuchsanstalt umgewandelt wurde, heute als Treibacher Chemische Werke weltbekannt.
Durch die Verlagerung des wirtschaftlichen Schwerpunktes nach Treibach blieb der Obere Markt von den damit verbundenen notwendigen Veränderungen weitgehend unbehelligt und hat auf diese Weise viel von seinem althergebrachten Erscheinungsbild mit Bauwerken verschiedener Stilrichtungen bewahrt.

Annabichl

Das um 1580 vom Freiherrn Georg
Khevenhüller für seine zweite Gemahlin
Anna, geborene Thurzo von Bethlenfalva,
erbaute Schloß liegt auf einem Hügel
westlich der Nordausfahrt von Klagenfurt.
Die terrassenförmig angelegte
Gartenanlage am Fuße des Schlosses reicht

bis zur Straße und kann durch ein gediegenes Schmiedeeisentor aus dem 18. Jahrhundert betreten werden. Valvasor erwähnt 1688, daß die gestaffelten Gärten *gleich einem Theater* anzusehen waren, und *daß zwischen den Gärten die Landstraße durch zwei schön aufgebaute Tore führte.* Die vornehme Gestaltung der fünfachsigen Gartenfront des Schlosses im Osten wird im wesentlichen durch die dem Erdgeschoß vorgebaute, fünfbogige Arkadengalerie bestimmt, von der eine schön angelegte Freitreppe in den Garten führt. Der ebenerdige Laubengang trägt eine Steinbalustrade mit Terrasse. Die Fassade des Schlosses wurde Mitte des 18. Jahrhunderts barockisiert, ein in der Höhe des dritten Geschosses im 19. Jahrhundert errichteter Balkon inzwischen wieder entfernt.
Neben dem Schloß entstand eine der heiligen Anna geweihte spätbarocke Kapelle, an deren Westseite mehrere Steinwappen adeliger Geschlechter prangen.
Bis 1690 hatten die Khevenhüller Schloß Annabichl inne, danach wechselten die Besitzer häufig.
Nachdem umfassende Renovierungen durchgeführt wurden, fand in den letzten Jahren durch Verwendung als Europahaus eine Neubelebung des Schlosses statt.

Schloß Bach am Nordufer des idyllisch gelegenen
Badesees von St. Urban bei Feldkirchen

Bach

Am Nordufer des kleinen Sees von St. Urban liegt das spätgotische Schloß Bach.
Während im Nordosten und Südwesten des viergeschossigen Baues jeweils ein Eckturm vorspringt, zeigen die beiden anderen Ecken im Obergeschoß auf Kragsteinen ruhende, erkerartige Vorsprünge, wie sie in ausgeprägterer Form auch an der Nord- und Ostfront zu finden sind. Das an der Südseite liegende Haupttor ist rundbogig und weist wie einige Fenster spätgotische Profilierung auf.

Vom früher an der Südost-Ecke angebauten Arkadenhof ist nach einem Brand nur ein Rest des ehemaligen Laubenganges mit rundbogigem Quaderportal und zwei darüberliegenden, vermauerten Renaissance-Zwillingsfenstern erhalten geblieben.
Dort ist neben der Jahreszahl 1609 und den Initialen CFZEVH (Carl Freiherr zu Egkh und Hungersbach) auch die Inschrift DER HERR BEWAR DEIN EIN- VND AVSGANG angebracht.
Die 1729 geweihte Schloßkapelle, welche sich südlich anschloß, existiert nicht mehr.
Ein kreuzgewölbter Flur führt durch das Erdgeschoß des in letzter Zeit im Inneren renovierten Schlosses, welches im zweiten und dritten Geschoß eine jeweils durchgehende Halle besitzt.
Nachdem sich Bach vom 12. bis ins 14. Jahrhundert im Besitz des gleichnamigen Ministerialengeschlechtes befunden hatte, erscheint 1433 die Familie Mordax als Lehensträger (seit 1375). Damals bestand nur ein Wohnturm, und erst in der ersten Hälfte des 16. Jahrhunderts wurde der Schloßbau unter Einbeziehung alter Bauteile errichtet.
Nach 1569 gelangte Hannibal Freiherr Egkh von Hungersbach, der in zweiter Ehe mit Esther von Dietrichstein verheiratet war, in den Besitz Bachs. Ein Renaissancetürstock aus dieser Zeit mit den Wappen der beiden Eheleute befindet sich heute im Schloß Ebenthal.
Der Sohn Hannibals, Carl, folgte seinem Vater 1601 und errichtete, wie die oben erwähnte Inschrift aus 1609 bezeugt, den südlichen Nebentrakt des Schlosses. Bevor Carl wegen seines evangelischen Glaubens Kärnten verlassen mußte, verkaufte er 1614 das Schloß samt den Gütern an die Familie Seenuß.
Später folgten als Besitzer u. a. die Familien Kaiserstein, Goess und Clementschitsch sowie die Vitruv-Terrain Ges. m. b. H.

Wasserschlößchen Dornbach nächst Fischertratten im Maltatal

Dornbach

Unter den zahlreichen Naturschönheiten und Sehenswürdigkeiten, die das nordwestlich von Gmünd beginnende, an Wasserläufen und Fällen reiche Tal der Malta zu bieten hat, nimmt Schloß Dornbach eine beachtenswerte Stellung ein, ist es doch das letzte der Wasserschlösser in Kärnten, das heute noch seinem Namen gerecht wird.

Wer dem lieblich gelegenen Ansitz einen Besuch abstatten will, wählt als Ausgangspunkt am besten das kleine Dorf Dornbach, welches linker Hand der von Gmünd nach Malta führenden Straße nächst Fischertratten auf ansteigendem Berghang liegt.

Ein zwischen Feldern und Wiesen eingebetteter, alter Reitweg, der nordwestlich des Dorfes beim spätgotischen Katharinenkirchlein seinen Anfang nimmt, führt den Wanderer in kurzer Zeit zum idyllisch, neben altem Baumbestand liegenden Schloß, das nach wie vor von einem wohlgefüllten, breiten Wassergraben umschlossen und geschützt wird, in dessen tiefblauem, klarem Wasser sich die weißgetünchten Mauern der Anlage widerspiegeln.

Der im Laufe der Jahrhunderte mehrfach umgebaute und nach einem Brand im Jahre 1794 gänzlich renovierte Adelssitz geht in seinen Ursprüngen auf alten Baubestand und eine um 1450 durch Andreas von Weißbriach errichtete wehrhafte Anlage zurück, die jedoch keinen Bergfried besaß. Dieser Umstand wird allerdings durch die Schutzfunktion wettgemacht, welche eine schießschartenbestückte, hohe Ringmauer und der ihr vorgelegte Wassergraben innehatten. Beide konnten den einfachen, dreigeschossigen, mit einem Walmdach nebst Dachreiter versehenen Bau und die anliegenden Wirtschaftsgebäude in vortrefflicher Weise vor Gefahren von außen bewahren.

Sowohl an der Westseite als auch von Osten her führen heute Brücken über den tiefen Wassergraben, wobei vor allem zwei den Kopf der östlichen Steinbrücke schützende spätbarocke Steinfiguren, die heilige Maria und den heiligen Johannes von Nepomuk darstellend, bemerkenswert sind.

Im Inneren des Schlosses befand sich ursprünglich auch eine 1452 geweihte Kapelle, die jedoch heute nicht mehr besteht. Nach mehrfachem Besitzerwechsel seit dem Tod des Andreas von Weißbriach (1469), der durch den Streit zwischen Kaiser Friedrich III. mit dem salzburgischen Erzbischof Bernhard von Rohr gefördert wurde, kam Schloß Dornbach durch den Salzburger Erzbischof Paris von Lodron im Jahre 1639 an die Grafen von Lodron, in deren Besitz es bis 1932 blieb.

Seither ist der ehemalige Adelssitz Privateigentum der Familie Irsa, die dafür Sorge trägt, daß die sehenswerte Anlage in gepflegtem Zustand erhalten wird.

Spätbarocke Steinfigur des hl. Johannes von Nepomuk in Dornbach

Schloß Ebenthal bei Klagenfurt

Ebenthal

Als Greifenfels, eine alte Burg auf einem Felsvorsprung am unteren Nordhang des Sattnitzberges, wegen der schwer zugänglichen Lage, unzureichender Wohnqualität und des beginnenden Verfalls von den Besitzern Christoph von Neuhaus und dessen Gemahlin Petronella aufgegeben wurde, ließen diese 1567 ein im flachen Auengebiet der Glanfurt *auf grünem Wasen* und in Nachbarschaft zur Siedlung Schrelz stehendes Vorwerk der Burg zu einem zweigeschossigen Schloß in Rechteckform umbauen. Der dort zu Gast weilende Erzherzog Karl von Steiermark gab dem Gebäude den Namen *Ebenthal*.
Ein Ausbau des Herrensitzes im Barockstil erfolgte bereits um 1675 unter den Grafen von Lamberg, die dem Bau ein zusätzliches Geschoß aufsetzen sowie diesen an der Westfront durch zwei Turmerker mit Zwiebelhelmen verschönern ließen. Zusätzlich wurde ein Torbau errichtet, über dem ein mehrgeschossiger Turm mit Zwiebelhaube und Laterne aufragte. Zwei zinnenbekrönte Seitenflügel waren mit der Westseite des Schlosses durch Mauern mit in den Schloßgarten führenden Pforten verbunden.
In dieser äußeren Form ging das Schloß 1704 in den Besitz des Grafen Johann Peter von Goess über, der 1716 die prachtvolle Lindenallee von Ebenthal in Richtung der Stadt Klagenfurt pflanzen ließ.
Unter seinem Sohn und Nachfolger, Graf Anton Oswald, wurde das Schloß im 18. Jahrhundert neuerlich einem Umbau, diesmal in theresianischem Stil, unterworfen. Die Ecktürme wurden abgetragen, und das Gebäude, mit elfachsiger Hauptfront und zweiachsigen Eckrisaliten sowie dreieckigem Mittelgiebel über Voluten im Westen und Osten, erhielt ein gewaltiges Mansardendach und über dem Erdgeschoß eine Fassadengliederung mit großer Pilasterordnung.
Im Zuge dieser Neugestaltung entfernte man auch die Schloß und Gartenanlage umgebende Mauer, die imposante Toranlage und einen Gartenpavillon. Um 1875 entstand an der West- und Ostfront des Schlosses je ein Balkonbau, wobei jener im Osten über einem klassizistischen Portikus vorspringt.
Im Inneren des Schlosses, dem 1765 auch die österreichische Regentin Maria Theresia einen Besuch abstattete, sind vor allem ein um 1748 durch Josef Ferdinand Fromiller mit mythologischen Deckenfresken (Jupiter und Götter) geschmückter großer Saal, das vornehme Stiegenhaus und das sogenannte Familienzimmer bemerkenswert. Dieses wurde 1739 durch den Maler Peter Kobler mit Porträts von Mitgliedern der gräflichen Familie ausgestattet.
Darüberhinaus finden sich Sammlungen von Ölbildern, Kupferstichen, Elfenbein- und Aquarellminiaturen. Der Eingang zur Bibliothek besitzt einen geschnitzten Renaissancetürstock aus 1592, der sich einst in Schloß Bach befunden hat.
Nach zwei, schwere Schäden anrichtenden Dachbränden der Jahre 1919 und 1948 wurde das nach wie vor der Familie Goess gehörende Schloß jeweils restauriert und befindet sich derzeit in einem vorbildlich gepflegten Zustand.
Im ständig durch Grundzukäufe erweiterten Schloßpark mit schönem Baumbestand liegt die Johannesbrücke, welche früher einen zur Wasserregulierung der Sattnitz erforderlichen Graben überspannte. Sie besitzt eine figürliche Darstellung des Brückenpatrons und einen Wappenstein im Gedenken an die früh verstorbene erste Frau von Graf Peter II. Goess, Maria Carolina von Kàiserstein, an welche auch ein im Park befindlicher Obelisk von Johann Probst aus 1801 und ein prachtvolles schmiedeeisernes Eingangstor erinnern.

Ehrenbichl

Das nördlich von Klagenfurt auf einer Terrasse am Fuße des Ehrenbichler Berges gelegene Schloß wurde in der Mitte des 17. Jahrhunderts erbaut und war 1688 im Besitz von Benigna-Rosina, verw. Gräfin Khevenhüller.
Ein Umbau erfolgte bereits um 1750.
Das prachtvolle Schloß gehört in die Reihe jener stattlichen Repräsentationsbauten, wie sie vom Adel in der Barockzeit gerne errichtet wurden. Der zweigeschossige Bau besitzt ein hohes Walmdach mit Dreieckgiebel an der siebenachsigen Südfront, die als Schauseite mit feiner Pilastergliederung sowie stuckierten Fensterbekrönungen mit Rosetten versehen wurde.
In unmittelbarer Nachbarschaft zum Haupttrakt ließ 1778 der damalige Besitzer, Ignaz von Pirkenau, eine kleine Kapelle mit Satteldach errichten. Über einer Rustika-Schauwand im Westen ragt ein Dachreiter empor.
Das Schloß, welches sich heute im Besitz von Dr. Josef Schlamadinger befindet, wird von einer weitläufigen Parkanlage umgeben, in der sich zierliches Reh- und Damwild tummelt, so daß der vorbeikommende Wanderer den Schritt gerne innehält und dem anmutigen Schauspiel aufmerksam folgt.

Eichelberg

Die Ruinen der spätgotischen Burg Eichelberg (Aichelberg) liegen in einem Hochwald nördlich der Siedlung Umberg, welche am besten über Trabenig oder Damtschach bei Wernberg erreichbar ist. Unter Einbeziehung eines älteren, befestigten Bergfrieds wurde die Burg im 15. Jahrhundert großzügig ausgebaut und durch eine, gegen den auf einem Felsstock aufragenden, viergeschossigen Hauptkomplex abfallende Vorburg im Süden ergänzt. Diese war allseits mit starken Befestigungsanlagen, wie schießschartenbestückten Wehrmauern und zwei aus dem Bering vorspringenden, runden Wachtürmen, versehen.
Im durch die Vorburg gebildeten, großen Burghof errichtete man ein an die Ringmauer angelehntes Wirtschaftsgebäude.
Der Zugang zur Burg befand sich ursprünglich an der Westseite, wurde aber im Zuge der Errichtung der Zwingeranlage nach Nordosten verlegt. Dort entstand ein dreigeschossiger Torbau, welcher an der Angriffsseite durch einen der beiden genannten Rundtürme und Schießscharten sowie eine über einen tiefen Halsgraben führende Zugbrücke geschützt war.
Urkundlich wird die Burg erstmals 1224 erwähnt, als diese unter der Herrschaft derer von Eichelberg stand. In der Folge hört man wenig über die Feste, bis 1431 Hans Khevenhüller, mit Katharina von Pibriach verheiratet, Lehensträger war. Ein Doppelwappen dieser Besitzer, welche die Burg ausbauen ließen, befindet sich heute in Damtschach, wo Augustin Khevenhüller nach 1511 ein Wohnschloß errichten ließ.
Als Kärnten im Krieg zwischen Kaiser Friedrich III. und Matthias Corvinus von ungarischen Truppen heimgesucht wurde, blieb auch die Eichelburg nicht ungeschoren. Sie wurde um 1484 belagert und zerstört.

Nach erfolgter Instandsetzung blieb die Burg weiterhin im Besitz der Khevenhüller, bis Paul Khevenhüller wegen seines protestantischen Glaubens Kärnten verlassen mußte und die Eichelburg samt der Herrschaft Wernberg an den Grafen von Wagensberg verkaufte. Spätere Besitzer waren u. a. die Adelsfamilien Schwamberg, Kaiserstein, Jöchlinger von Jochenstein und Orsini-Rosenberg.

Ruine der Burg Eichelberg im Hochwald nördlich von
Umberg bei Wernberg

Falkenstein

Beim Durchfahren des Mölltales fällt der Blick unwillkürlich auf Burg Niederfalkenstein, welche östlich von Obervellach und Stallhofen auf einem dem Pfaffenberg vorgelagerten Hang an weithin sichtbarer Stelle liegt. Oberhalb dieses lieblich anmutenden Baues und der dort verlaufenden, kühn angelegten, durch Tunnel und über Abgründe führenden Trasse der Tauernbahn stehen auf steilem Felskegel die Ruinen der ursprünglichen Hauptburg Oberfalkenstein.
Gut erhalten ist von dieser Burg nur noch die am Rande des Absturzes erbaute, dem heiligen Johannes geweihte Kapelle, die in ihrer jetzigen Form zwar dem 18. Jahrhundert entstammt, in ihren Fundamenten jedoch auf romanische Zeit zurückgeht. Der rechteckige Bau mit zweigeschossiger Holzempore, Flachdecke und kleinem Dachreiter besitzt keine Apsis.
Dieses kleine Gotteshaus springt mit seinen Mauern aus dem Bering vor, der die langgestreckte, schmale Wehranlage entlang den Steilabstürzen des Burgfelsens, der nur von Norden her zugänglich ist, umgibt. Der Bereich des einzig möglichen Aufganges wurde durch einen viergeschossigen, quadratischen Bergfried geschützt, dessen Reste noch heute gegen den Himmel ragen. Im westlichen Burgareal sind noch Rudimente des einstigen Palas und von Wirtschaftsgebäuden erhalten geblieben. Durch den mittels Strebepfeilern gesicherten Burgberg wurde anläßlich des Ausbaues der Tauernbahn im ersten Jahrzehnt unseres Jahrhunderts ein Tunnel geführt, der durch Errichtung einer neuen Brückenkonstruktion heute nicht mehr in Verwendung steht.
Urkundlich wird die Burg Oberfalkenstein 1164 als Eigentum der Görzer Grafen genannt, die sie an die Herren von Falkenstein als Lehen vergaben (bis 1340). 1445 fiel die Burg an Kaiser Friedrich III. und wurde später verpfändet oder von Pflegern verwaltet.

Blick von der Trasse der Tauernbahn auf
Niederfalkenstein und das untere Mölltal

Zu Beginn des 16. Jahrhunderts besaß Graf Julian von Lodron die Besitzrechte. Es folgten u. a. Graf Frangipani, Ferdinand Salamanca Graf von Ortenburg, Bartholomäus Khevenhüller von Aichelberg, Urban Pötting und Johann-Wilhelm Graf von Attems. Von 1693 bis 1885 war die Familie Sternbach Inhaber der bereits im Verfall begriffenen Burg.

Das eingangs erwähnte Unterfalkenstein war zu jener Zeit ebenfalls Ruine. Ursprünglich nur ein Vorwerk der höherliegenden Hauptburg, das im wesentlichen lediglich aus einem befestigten Wachturm bestand, wurde es später durch einige Anbauten erweitert.

Das Erscheinungsbild der heutigen Burg Unterfalkenstein geht auf eine umfassende Restaurierung zurück, die Ferdinand von Kaltenegger, dem die Falkensteiner Besitzungen von 1905 bis 1912 gehörten, durchführen ließ. Damals erhielt der Bau seine historisierenden Formen, die nach Zerstörung durch einen Brand im Jahre 1969 im Auftrag der Familie Oehmichen wiederhergestellt wurden.

Um die gesamte Anlage, die für Besucher verschlossen bleibt, zieht sich eine zinnenbekrönte Wehrmauer mit Gußerkern, Schießscharten und einem übereck aufgesetzten Mauertürmchen. Ein rundbogiges Tor mit vorgelagerter Rampe im Nordwesten führt in den durch die Beengtheit des Raumes nur kleinen Innenhof.

Ein Teil des alten Wachturmes steckt noch in dem neuen, höher geführten Bergfried, der als Abschluß eine eigenwillige, vorkragende Holzkonstruktion besitzt. Diese trägt ein holzschindelgedecktes Spitzkegeldach mit vier zum Teil in dessen Fläche integrierten, vorspringenden Eck-Erkerchen, die im besonderen den individuellen Charakter des Turmes bestimmen.

An diesen *modernen* Bergfried schließen sich Wohn- und Nebengebäude an, deren Mauer- und Dacherker ebenfalls althergebrachten Bauformen nachempfunden sind.

Mit den teils von immergrünem Efeu bedeckten Mauern und den verspielt anmutenden Stilelementen erweckt die Burg einen geradezu verträumt-romantischen Eindruck, so daß man sich bei ihrem Anblick in die längst entschwundene Ritterzeit zurückversetzt fühlt.

Khevenhüller-Chronik: Hans II. Khevenhüller und seine Frau Katharina von Pibriach; im Hintergrund die Burgen Ober- und Unterfalkenstein

Frankenstein

Südlich der Pfarrkirche von St. Georgen am Weinberg bei Völkermarkt liegt Schloß Frankenstein auf gegen den bewaldeten Frankenberg ansteigendem Gelände. Schon im späten 12. Jahrhundert bestand dort eine Burg, über deren schon

verfallenen Gemäuern nach 1572 ein erster Schloßbau errichtet wurde, der durch Aus- und Umbauten im 17. und
18. Jahrhundert Veränderungen erfuhr. Das zweigeschossige Gebäude besitzt an seiner dem Tal zugewendeten, ungegliederten Front im Südosten einen einfachen Giebel mit Uhrloch. Im Hof des Schlosses, welcher durch den Haupttrakt und zwei aus diesem nach Nordwesten vorspringende, kurze Seitenflügel gebildet wird, stehen Anbauten und zwei einfache Türme. Einer davon ist vorgestellt und beherbergt die ehemals dem heiligen Josef geweihte, heute säkularisierte Schloßkapelle mit Ausstattungselementen des 17. und 18. Jahrhunderts.
In unmittelbarer Nachbarschaft zum Schloßbau wurden Wirtschaftsgebäude, die in ihrer Unangepaßtheit das Erscheinungsbild des Herrenhauses nachteilig verändern, errichtet.
Die alte Burg Frankenstein, um 1368 auch Sitz eines Landgerichtes, stand im
14. Jahrhundert im Besitz der Schenken von Osterwitz. Auf diese folgten als Inhaber zunächst die Rauber und 1572 Wolf Dietrich Reinwald, der das Schloß erbauen ließ. Durch Heirat gelangte der Besitz an die Himmelberger, danach an das Geschlecht der Grottenegg. Ein Ausbau des Edelmannssitzes erfolgte durch Franz Raimund Freiherrn von Ramschüssel, in dessen Familie er bis 1718 verblieb. So entstand für Schloß und Gut auch der Beiname Ramschüsselhof.
Nachdem dieser von napoleonischen Truppen zum Teil gebrandschatzt worden war, ließen die Freiherrn von Schluga einen Wiederaufbau durchführen. Im
19. Jahrhundert und bis in die dreißiger Jahre unserer Zeit wechselten die Besitzer Frankensteins häufig. Seit 1937 befindet sich das Gut im Besitz der Familie Gfrerer-Zahradnik.

Landschaft um das spätgotische Schloß Frauenstein;
sichtbar sind die nordöstlich davon gelegenen Kraiger
Schlösser und die Ruine Freiberg im Osten

Ehemaliges Wasserschloß Frauenstein bei St. Veit/Glan

Frauenstein

Das imposante, spätmittelalterliche Schloß Frauenstein mit seinen markanten Türmen liegt nördlich von St. Veit/Glan (Straße über Obermühlbach) am Ausgangspunkt malerischer Wanderwege, die entweder zu den Ruinen der Burg Freiberg oder der Kraiger Schlösser führen. Ein von Wasservögeln bevölkerter Weiher im Norden des Schlosses, wo neben einem verspielt anmutenden Tortürmchen des 19. Jahrhunderts auch weitläufige Wirtschaftsgebäude stehen, kann noch als Überrest eines breiten Wassergrabens angesehen werden, der im Hochmittelalter den burgartigen Vorgängerbau des heutigen Schlosses vollständig umgab und vor feindlichen Angriffen schützte.

Auf felsiger Terrasse entstand bereits im 12. Jahrhundert eine kleine, wehrhafte Anlage, die von einem starkwandigen romanischen Rundturm beherrscht wurde. Nach Errichtung des Schlosses während der ersten Hälfte des 16. Jahrhunderts blieb dieser in dessen Südfront, die den West- und Osttrakt miteinander verbindet, erhalten. Besagter Turm ist jedoch nicht der einzige geblieben, denn die Ecken der Schloßanlage werden mit Ausnahme der südöstlichen, wo ein viereckiger Erker mit Spitztürmchen vorspringt, ebenfalls von insgesamt drei Rundtürmen flankiert. Ein zusätzlicher, runder Kapellenturm ist in die Außenseite des Nordflügels integriert. Teile des Schloßbaues weisen noch heute wehrhafte Elemente auf, wovon besonders der über weite Strecken unter den vorkragenden Steinplattldächern angelegte, in den Dachstuhl einbezogene Wehrgang mit senkrechter Fallöffnung hervorzuheben ist.

Durch ein äußeres Tor gelangt man in den Vorhof des Schlosses, der gegen Nordwesten von einem längsgerichteten Gebäude (Verwalterstöckl) mit rundem Eckturm und westseitig von einer Schloßbau und Vorwerk verbindenden Wehrmauer begrenzt wird. Über eine Brücke führt der Weg zum eisenbeschlagenen Hauptportal des Westtraktes und durch die Einfahrtshalle in den gepflasterten Innenhof des Schlosses, der an drei Seiten mit schönen, spitzbogigen und kreuzgewölbten Laubengängen ausgestattet ist, während an seiner Südseite neben drei rundbogigen Arkaden ein Stiegenhaus den Aufgang in das obere Stockwerk und zur Mauertreppe des erwähnten alten Rundturmes ermöglicht. Im Erdgeschoß der weitläufigen Anlage befinden sich zahlreiche gewölbte Räume, welche als Wohnraum für Fremde und Dienstboten sowie zu wirtschaftlichen Zwecken (Vorratskammern, Küche, Holzlage, Wagenremise etc.) bestimmt waren. Die Repräsentations- und herrschaftlichen Wohnräume befinden sich im ersten Obergeschoß.

Im ersten Stock des Osttraktes sind das mit Wandbildern und Stuckdecke aus dem 18. Jahrhundert ausgestattete Jägerzimmer mit südöstlichem Erker, ein großer Salon mit angrenzender Bibliothek und in einem nordöstlichen Rundturm das sogenannte Zirbenkabinett mit kunstvoller Vertäfelung aus der Bauzeit (um 1550) untergebracht.

Im Südtrakt schließen sich ein Fremdenzimmer mit vorkragendem Erker, die an den bewohnbaren romanischen Turm in einem Gebäudevorbau mit hochgezogenem Doppelbogen liegenden Dienstbotenräume sowie das Speisezimmer an.

Der westliche Schloßtrakt besitzt neben den beiden Ecktürmen, dem Schlafraum und einem Stiegenaufgang ein geräumiges Wohnzimmer, ausgestattet mit einer hölzernen Renaissancefelderdecke aus dem Mölltaler Schloß Großkirchheim, sowie das Kapuziner-Stüberl. Über einen

Verbindungsgang gelangt man entweder von Westen oder auch von Osten zum nördlichen Turm, der eine zweigeschossige Rundkapelle beherbergt, deren Portal die Jahreszahl 1521 trägt. Ihr Obergeschoß zeigt ein Sternrippengewölbe mit Rankenstukkaturen aus der ersten Hälfte des 18. Jahrhunderts.

Zwei im Schloß erhaltene figürliche Römer- und mehrere vortreffliche Wappensteine verschiedener Adelsfamilien sollen nicht unerwähnt bleiben. Die Schloßanlage ist teilweise noch von einer wehrhaften Außenmauer umgeben, die an ihrer Südseite ein mit Pyramidendach gedecktes und mit Schießscharten versehenes Wehrtürmchen trägt.

Eine den Herren von Frauenstein gehörige Burg wird erstmals um 1195 erwähnt. Erst nach 1378 änderten sich diese Besitzverhältnisse, als die männliche Linie dieses Geschlechts ausstarb und Anna, die Tochter und Erbin des letzten Frauensteiners, in die Adelsfamilie derer von Färber einheiratete, welche den Adelssitz bis 1504 innehatte. Ebenfalls durch Heirat gelangte Frauenstein hierauf in den Besitz der Welzer, die laut Inschriftentafeln in mehreren Bauabschnitten während der ersten Hälfte des 16. Jahrhunderts das Schloß über teilweise älterem Baubestand errichten ließen.

1588 wurden die Trauttmannsdorfer mit dem inzwischen vollendeten, prächtigen Schloß belehnt. 1636 erlangte die Familie Gabelkofen das Schloß, welches nach 1800 rasch wechselnde Besitzer hatte.

1909 kaufte Ing. Otto Wirth den Besitz, dessen Erben das mit zu den schönsten spätgotischen Schlössern Österreichs zählende Frauenstein in einem seinem hohen kunsthistorischen Wert entsprechenden, gepflegten Zustand erhalten.

Glanegg

Auf einem steilen Hügel gegenüber von Mauthbrücken und nördlich der Glantaler Schnellstraße von St. Veit nach Feldkirchen liegen die von Baumwerk und Gesträuch überwucherten und völlig ungesicherten Reste der einst stattlichen Burg Glanegg, welche Bauelemente vom 13. Jahrhundert bis in die Renaissance- und Barockzeit aufweist.

Die weitläufige, mehrere Tore und Höfe sowie zahlreiche Gebäude umfassende Feste wurde um einen rechteckigen Bergfried des 13. Jahrhunderts angelegt, der mit seiner Westseite am Rand eines felsigen Geländeabsturzes steht. Der mehrgeschossige Turm mit zinnenbekrönter Wehrplattform war ursprünglich nur über einen mittels Leiter erreichbaren, rundbogigen Hocheinstieg betretbar, Tor und Fenster in der Südwand des Erdgeschosses wurden erst nachträglich ausgebrochen. An dieser Turmseite sind ein hochgelegenes, gekuppeltes Fenster, das früher ein Mittelsäulchen besaß, und eine dreiteilige Fenstergruppe in ähnlich bemerkenswerter Form wie in Niederkraig und Liebenfels erhalten. Nach Hermann Wiessner ist die oft behauptete Funktion solcher Fenster zu Signalzwecken nicht nachweisbar. Eher hatten diese nur dekorativen und symbolhaften Charakter. Zu diesem Bergfried gelangt man über einen gegen Norden ansteigenden Burgweg, der beim Haupttor im Südosten, das durch Rundturm und einen basteiartigen Aufbau geschützt wird,

seinen Anfang nimmt und entlang eines schmalen Zwingers zu einem zweigeschossigen Wohngebäude mit zweitem Tor und gewölbter Durchgangshalle führt. Es erreicht dann einen kleinen, unregelmäßigen Innenhof, der an drei Seiten von unterkellerten Wohn-, Wirtschafts- und Nebengebäuden, im Nordwesten aber von einem hart am Steilabfall entlang führenden Bering begrenzt wurde.
Dieser Gebäudekomplex gehört vorwiegend der Gotik an, wurde jedoch in der ersten Hälfte des 16. Jahrhunderts umgebaut, teilweise erneuert und durch Zubauten ergänzt. Im Untergeschoß des das Burgareal im Nordosten abschließenden Gebäudes befindet sich eine von sechs gotischen Pfeilern in Achteckform getragene Halle mit Kreuzgratgewölbe (15. Jhdt.). Eine dieser Säulen ist allerdings samt einem Teil der Decke bereits eingebrochen, und es ist wohl nur eine Frage kurzer Zeit, bis diese in Kärntner Burgen einzigartige Form einer gotischen Säulenhalle gänzlich verfallen sein wird. Aber auch viele andere Bauelemente dieser Burg hätten es ob ihrer kunsthistorischen Bedeutung verdient, der Nachwelt erhalten zu werden.
Im genannten Hof beschreibt der Burgweg eine Kehrtwendung nach Südwest und passiert nach dem dritten Tor einen überwölbten Gang, der an der Ostwand des Bergfrieds entlangführt und in einen südlich von diesem liegenden, langgestreckten oberen Burghof mündet, wo ein tiefer Brunnen die Wasserversorgung sicherstellte.
Vom ehemals im Hofbereich an den westlichen Bering anschließenden, überdachten Wehrgang sind nur noch Stützen vorhanden.
Während im Osten des Hofes eine breite Zinnenmauer mit auf ihrer Krone entlangführendem Steg emporragt, finden sich im Süden die Überreste einer alten gotischen Kapelle und herrschaftlicher Wohngebäude mit vorgelagerter Terrasse und Kellerräumen.
Südlich wurde nach 1638 ein tonnengewölbter Kapellenanbau mit quadratischem Chor und dreigeschossigem Turm, der früher einen schindelgedeckten Zwiebelhelm trug, angefügt.
In jüngster Zeit versuchte man in unfachmännischer Weise, Veränderungen am letztgenannten Gebäudekomplex durchzuführen, welche die Bausubstanz über den ohnehin rasch fortschreitenden Verfall hinaus zusätzlich schädigten. So wurde u. a. das althergebrachte Mauerwerk stellenweise zerstört oder durch Einarbeitung von rostigen Nägeln und Glasscherben verunstaltet.
Am Fuße des hochliegenden Palas und der Kapelle befindet sich ein Vorhof, der sich bogenförmig von West über Süd bis nach Osten erstreckt, wo er in den eingangs erwähnten schmalen Zwinger des Hauptores der Burg mündet.
Der weitläufige Hof wurde wie die übrige Anlage von einer Ringmauer umschlossen, die teilweise noch erhalten ist und im Süden Reste eines Rundturmes und weiterer Mauerbefestigungen sowie Schießscharten zeigt. Am östlichen Bering, in dieser Form im 16. Jahrhundert erneuert, ist unter den Zinnen ein durchgehender Sims (Leiterwulst) erhalten.
Die erste urkundliche Erwähnung der Feste *Glanekke* fällt in das Jahr 1121. Als das Ministerialengeschlecht von Glanegg 1185 ausstarb, folgten weitere Lehensträger, bis 1374 Herzog Leopold von Österreich in den Besitz der Burg gelangte.
Ab 1424 wurde diese wiederholt landesfürstlichen Pflegern überantwortet. 1534 erlangten die Ernauer Glanegg samt zugehörigem Landgericht und ließen Um- und Zubauten durchführen. Danach folgten u. a. die Adelsfamilien Weber, Seenuß, Kronegg, Windischgrätz, Aschau und Stampfer.
Nach weiterem häufigem Besitzerwechsel im 19. Jahrhundert wurde die Burg nach 1860, als im Besitz eines Bregenzer Weinhändlers stehend, aus steuerlichen Gründen vorsätzlich demoliert und dem Verfall überantwortet, indem die Dächer samt Holzkonstruktionen abgetragen wurden.

Die von achteckigen Pfeilern getragene gotische
Säulenhalle auf Burg Glanegg

Gmünd

Wo der Maltafluß in die Lieser mündet und heute die Tauernautobahn in Nord-Süd-Richtung verläuft, wurde im 13. Jahrhundert an der über den Katschberg nach Salzburg führenden alten Handels- und Verkehrsstraße der Ort Gmünd gegründet und in der Folgezeit, als dieser durch den Handel und Eisenbergbau in der Krems immer mehr an wirtschaftlicher Bedeutung gewann, durch ausgedehnte Befestigungsanlagen geschützt. Diese sind noch heute zum Teil erhalten und gut erkennbar.
Grund zur Errichtung dieser Verteidigungsanlagen bot auch der ständige Konflikt zwischen dem salzburgischen Gmünd und dem ortenburgisch-görzischen Machtbereich (Spittal/Drau), der um vorwiegend wirtschaftliche Belange entstanden war. Eine hohe Ringmauer mit anliegendem Zwinger, befestigten Torbauten und Mauertürmen, später mehrfach verändert und erneuert, umzog das bereits 1346 zur Stadt erhobene Gmünd, das 1400 auch die Landgerichtsbarkeit und 1409 das Niederlagsrecht erlangte.
Auf einer Anhöhe im Nordwesten wurde eine kleine Burg errichtet, die an besonders exponierter Stelle in den Befestigungsring einbezogen war. Dieser schließlich um zwei Innenhöfe angesiedelte Wehrbau mit romanisch-gotischem Kern wurde zu Beginn des 16. und 17. Jahrhunderts wesentlich erweitert. Der Verfall setzte nach Beschädigung der Gebäude durch ein Erdbeben (1690), vor allem aber nach dem Großbrand des Jahres 1886 ein.
Die nach wie vor das Stadtbild von Gmünd beherrschende Burganlage wurde in ihrem Bestand einigermaßen gesichert und ist, ebenso wie der Stadtkern mit dem am südöstlichen Ende des Hauptplatzes aufragenden ehemals Lodronschen Neuen Schloß (erbaut nach 1651) und mit zahlreichen Bauwerken aus vergangenen Jahrhunderten, zum beliebten Besichtigungs- und Fotoobjekt avanciert.

Ältester Teil des mehrgeschossigen Burggebäudes ist der Osttrakt mit seinem quadratischen Bergfried, der später in die erneuerte Anlage einbezogen wurde.
In die Auseinandersetzung zwischen Kaiser Friedrich III. und Matthias Corvinus wurde Gmünd verwickelt, da der Salzburger Erzbischof Bernhard von Rohr die Feste 1480 den Ungarn überantwortete, welche diese unter der Führung von Jan Sturm als Stützpunkt einrichteten. 1487 ließ der Kaiser die Burg jedoch durch seine Truppen belagern und unter schwerem Beschuß nehmen, bis die Ungarn aufgaben und schließlich abzogen.

Die durch diese Kampfhandlungen schwer in Mitleidenschaft gezogene Burg wurde in den Jahren 1502–1506 erneuert und bedeutend erweitert, nachdem Kaiser Maximilian I. die Gmündner Besitzrechte 1502 an den Erzbischof Leonhard von Keutschach übertragen hatte. Aus dieser Bauperiode, der auch der runde Eckturm angehört, stammen neben Stichkappengewölben auch profilierte Tür- und Fenstergewände aus Serpentin in Spitz- und Kielbogenform.
Ein Inschriftstein mit dem Wappen des Erzbischofs, der auf die Wiedererrichtung der Burg in jener Zeit hinweist, befindet sich heute auf Schloß Tanzenberg bei Maria Saal, wie auch eine Porphyrsäule mit demselben Wappen auf die Burg Kreuzenstein (NÖ) gebracht wurde.
Durch ein vereinbartes Rückkaufrecht fiel Gmünd bereits 1514 an den Kaiser zurück, worauf Siegmund von Dietrichstein damit belehnt wurde.
Während späterer, mehrfacher Verpfändungen hatte 1594 der protestantische Siegmund Khevenhüller von Aichelberg die Burg inne, die bereits 1601 im Zuge der Gegenreformation an den katholischen Grafen Rudolf von Raitenau, Bruder des salzburgischen Erzbischofs Wolf Dietrich, überging. Dieser ließ die Festung durch den Baumeister Daniel Deutta um den geräumigen Westtrakt erweitern (1607–1615). 1639 kaufte Graf Christoph von Lodron, Bruder des salzburgischen Erzbischofs Paris Lodron, neben Dornbach, Kronegg und Rauchenkatsch auch die Herrschaft Gmünd, in dessen Familie sie bis 1932 blieb.
Die in der Folge als Besitzer aufscheinende Familie Irsa verkaufte die Ruine 1950 an die Stadt Gmünd.

Gradisch

Das aus der Mitte des 16. Jahrhunderts stammende Renaissanceschloß Gradisch ist im Feldkirchner Raum infolge seiner beherrschenden Lage auf dem Nordhang des Gallin und der weißgetünchten Mauern gut sichtbar und kann am besten über die alte Landstraße von Moosburg nach Feldkirchen (Abzweigung linker Hand beim Kreuzwirt) erreicht werden. Besonders hervortretende Merkmale des dreigeschossigen Schlosses sind seine zwei diagonalgestellten Rundtürme im Südwesten und Nordosten, die nach einem Brand im Jahre 1945 originalgetreu mit Zwiebelhelmen und Laternen versehen wurden. Der Dachboden des Gebäudes wird durch Ochsenaugenöffnungen belichtet. Der nordseitig gelegene Innenhof, der durch die Nordwand des Schloßtraktes und zweigeschossige Nebengebäude aus dem 17. Jahrhundert sowie Verbindungsmauern gebildet wird, kann sowohl von Osten als auch von Westen, wo Wirtschaftsgebäude liegen, durch einfache Portale betreten werden. Die Nordfront des Schlosses selbst besitzt neben einem rundbogigen Tor auch abgefaste spätgotische Fenster, während an der Südseite ein reich profiliertes Kragsteinportal auffällt, das sich bis 1929 im verfallenen Schloß Pfannhof nordöstlich von Kraig befand. In den Obergeschossen im Norden und Süden sind gekuppelte Renaissancefenster zu sehen.

Im Südwestturm ist die mit Stukkaturen aus dem 17. Jahrhundert ausgestattete Kapelle untergebracht, die in ihrer Höhe über zwei Geschose reicht und von außen durch schmale, rundbogige Langfenster erkennbar ist.

Gradisch geht auf einen mittelalterlichen Burgbau zurück, der nach den Besitzern, die seit 1192 nachweisbar sind, Paradeis genannt wurde. Um 1550 ließ Georg von Neuhaus-Paradeiser auf dem alten Burgplatz das Schloß errichten. 1622 kam dieses in den Besitz der Grafen von Gaisruck, danach an die Grafen von Platz, deren Wappen noch heute an der Stuckdecke eines großen Saales erhalten ist. Seit 1731 gehört das gut erhaltene und gepflegte Schloß zu den Gütern der Familie Goess.

Griffen

Die Burgruine liegt auf einem schroffen Kalkfelsen, der an der Süd- und Westseite steil zu dem an seinem Fuße liegenden Markt Griffen abfällt. Im Bereich dieses Ortes sind zahlreiche Funde aus der Bronze- und Hallstattzeit registriert. Eine noch heute zugängliche, sehenswerte Höhle

im unteren Teil des südöstlichen Burgberges stand in urgeschichtlicher Zeit auch als Jagdplatz in Verwendung.
Die Burg, deren Areal zuletzt 1986 von wucherndem Gesträuch befreit wurde, bestand laut einer Urkunde schon vor 1148 und gehörte dem Bistum Bamberg.
Die Hochburg erstreckte sich in Ost-West-Richtung auf dem unebenen Plateau des Felsens, wobei noch Quadermauerwerk ihrer ältesten Teile, eines mehrgeschossigen Bergfrieds und einer Kapelle, erhalten blieb.
Die Hauptburg wurde im 14. und 15. Jahrhundert durch tieferliegende, unregelmäßig angelegte, den Gegebenheiten des Geländes angepaßte Verteidigungseinrichtungen gesichert. Der in zahlreichen Windungen ansteigende Burgweg war von hohen Wehrmauern flankiert und führte durch insgesamt fünf Toranlagen, bevor er das Haupttor der Burg erreichte, welches von einem Torturm aus verteidigt werden konnte.
Im frühen 16. Jahrhundert wurden drei nördlich liegende, mächtige Rundschalentürme errichtet, deren Schießscharten auch für die Aufnahme von Geschützen zugerichtet waren.
Die ständig mit Söldnertruppen besetzte Feste Griffen war Sitz eines bambergischen Richters und eines Burghauptmannes. Erst 1425 wurde Griffen gerichtsmäßig in den Bereich des ebenfalls bambergischen Landgerichtes Weißenegg einbezogen.
1292 besetzte Ulrich von Heunburg während seines von Machtstreben bestimmten Aufstandes gegen den habsburgischen Herzog Albrecht die Burg Griffen, doch erlitt er in den darauffolgenden Kämpfen eine empfindliche Niederlage, so daß er die Feste bereits 1293 wieder an Bamberg übergeben mußte.
Hierauf befand sich Griffen über Jahrhunderte in der Obhut verschiedener Burggrafen und Pfleger, bis die bambergischen Güter 1759 an Österreich fielen. In der Folge sind als Besitzer die Grafen Egger, die Freiherrn von Helldorff und zuletzt die Familie Leitgeb zu nennen.

Ruine Griffen – Nordansicht (nach einer Bleistiftzeichnung von Markus Pernhart)

Groppenstein

Wo das Tal der Mallnitz in das Mölltal mündet, liegt die malerische Burg Groppenstein auf einem nach drei Seiten abfallenden Felsplateau. Sowohl von weitem sichtbar als auch ihrerseits einen schönen Ausblick vor allem auf den tiefer liegenden Markt Obervellach gewährend, kann die für Besucher nicht zugängliche Anlage entweder über einen vom Talboden berganführenden Hohlweg oder über eine von Semslach ausgehende Fahrstraße erreicht werden.

Die folgende Beschreibung gibt das heutige Erscheinungsbild der Burg wieder, wobei bedacht werden muß, daß Groppenstein sich nicht mehr in seiner ursprünglichen Gestalt darbietet, denn die durch schwere Verfallserscheinungen notwendige, nach 1873 vorgenommene umfassende Restaurierung hat am alten Baukörper viel verändert und zum Teil phantasievolle Erneuerungen mit sich gebracht.

Trotzdem vermittelt die schon von ihrer exponierten Lage her beeindruckende Burg nach wie vor in ihrer Geschlossenheit einen wehrhaften Eindruck.

Durch einen der Burg vorgelagerten Park im Westen führt ein abfallender Weg zu einem Torturm mit Rundbogenportal, das einst durch eine Zugbrücke gesichert werden konnte. Von dort ist der Innenhof erreichbar, der durch Errichtung einer schießschartenbestückten, hohen Zinnenmauer entstanden ist, die an den dreigeschossigen, in seinem Kern aus dem späten 15. Jahrhundert stammenden Palas grenzt.

Aus der Südwestecke des Berings springt ein schlanker Wehrturm vor, von dem aus das umliegende Terrain bestens eingesehen werden kann.

Ältester Teil der Anlage ist der mächtige, fünfgeschossige Bergfried, 1835 vor dem Einsturz gerettet, dessen ehemaliger Hocheinstieg nach Errichtung des Wohntraktes mit diesem in Höhe des zweiten Stockwerkes durch eine hölzerne Brückenkonstruktion verbunden wurde.

Sowohl der Bergfried als auch die Mauertürme tragen unterhalb der Pyramidendächer eine von Zinnenmauern umgebene Wehrplattform und weisen zahlreiche Schießöffnungen auf.
Im Westen wurden an der Außenfront des Bergfrieds und der Ringmauer, welche stellenweise mächtige Stützpfeiler besitzt, auch Guß- und Fallerker angebracht.
Die Innenräume von Groppenstein, obwohl durch Umbauten stark verändert, sind durch mancherlei interessante Bauelemente gekennzeichnet. Die Räume im Erdgeschoß des ehemaligen Palas sind gewölbt und zeigen teilweise Zirbentäfelung. In der Eingangshalle sind spitzbogige Türgewände sowie Schlösser und Beschläge aus spätgotischer Zeit erhalten. Der große Rittersaal des ersten Stockwerkes zeigt bereits restaurierte Rankenmalereien des 15. Jahrhunderts. Darüber hinaus sind einige alte Einrichtungsgegenstände und Fenster mit heraldischen Glasmalereien vorhanden, die meisten allerdings erst aus jüngster Zeit (um 1940).
Eine tieferliegende Kapelle mit kleinem Friedhof im Süden des Burghügels ist der heiligen Katharina geweiht. Der kleine, einschiffige Bau mit halbrunder Apsis und hölzernem Giebelturm wurde laut Inschrift 1722 renoviert.
Groppenstein wird urkundlich erstmals 1254 als Turm im Besitz des ortenburgischen Ministerialen Pabo de Croppensteine erwähnt.
Gegen Ende des 13. Jahrhunderts ging der Wehrbau an die Görzer Grafen über, welche diesen an die Groppensteiner als Lehen vergaben. Der Ausbau der Burg erfolgte um 1475 unter Konrad von Groppenstein, dem letzten dieses Geschlechtes. Später folgten als Inhaber u. a. Mitglieder der Familien Graf, Khevenhüller, Lind und Sternbach.

1873 gelangte das ruinöse Groppenstein durch Kauf an den Architekten Adolf Stipperger, der umfassende Restaurierungen durchführen ließ. Nach mehrfachem Besitzerwechsel erwarb 1936 Prof. Franz Chvostek die Burg.
Die bemerkenswerte Anlage, die zuletzt nach 1968 renoviert wurde, befindet sich in einem gepflegten Zustand und gehört derzeit der Familie Schöbel.

Khevenhüller-Chronik: Ritter mit Prunkharnisch des 16. Jahrhunderts vor Burg Groppenstein oberhalb des Mallnitzbaches

Südtrakt des Schlosses Großkirchheim, in dem ein Heimat- und Goldbergbaumuseum untergebracht ist

Großkirchheim

Rechter Hand der Straße zwischen Winklern und Heiligenblut liegt im Norden Döllachs im oberen Mölltal der aus dem 16. Jahrhundert stammende Schloßkomplex Großkirchheim, welcher als Nachfolgebau eines älteren Gebäudes anzusehen ist. Dessen Lage wird im Bereich des heutigen Hotels *Schloßwirt* bzw. der sogenannten *alten Schmelz* vermutet, worauf noch Mauerreste hindeuten. Es handelte sich dabei um einen Wehrbau, der möglicherweise von einem schützenden Wassergraben umgeben wurde und so angelegt war, daß er die Funktion einer Talsperre erfüllen konnte.

Der Gewerke Melchior Putz, der die Herrschaft Großkirchheim um 1560 erworben hatte, ließ das jetzige Schloß errichten, welches aus zwei längsgerichteten, rechteckigen Gebäuden besteht, die durch Quermauern miteinander verbunden sind und dergestalt einen Hof einschließen.

Der niedrigere Trakt trägt an den Ecken seiner Nordseite je einen über Konsolen vorkragenden Turmerker mit Spitzkegeldach.

Der um ein Geschoß höhere Südtrakt besaß früher einen aus der südlichen Dachfläche aufragenden Holzturm, der jedoch wegen Baufälligkeit abgetragen wurde. Heute wird das Krüppelwalmdach nur von hohen Kaminen durchbrochen.

Die Schmucklosigkeit des einfachen Baues wird durch eine leuchtende Bemalung seiner Fensterläden in Rot-Weiß aufgelockert.

Keller, Stiegenhäuser, Flure und die Räumlichkeiten im Erdgeschoß des Schlosses haben ihre gotischen Gewölbe mit Stichkappen bis zum heutigen Tag bewahrt. Ebenfalls erhalten sind gotisierende Fenstergewände. Die Repräsentationsräume des ersten Stockwerkes erhielten aus Zirbenholz geschnitzte Renaissancefelderdecken, von denen eine ins Schloß Frauenstein bei St. Veit/Glan übertragen wurde.

Aufgrund einer Privatinitiative wurde 1956 im Südtrakt ein Heimat- und Goldbergbaumuseum eingerichtet, das sich einer stetig steigenden Besucherzahl erfreuen kann. Dies nicht ohne Grund, sind doch in den altehrwürdigen, architektonisch unveränderten Räumlichkeiten interessante Schauobjekte ausgestellt, welche sowohl in die Geschichte und Technik des Goldbergbaues in den Tauern als auch in volkskundliche Belange des Mölltales Einblick geben.

Urkundlich wird um 1150 ein *locus Chyrichaim* erwähnt. In der Folge war die Herrschaft Großkirchheim im Besitz der Görzer Grafen und des Klosters Admont. Nach dem Aufstieg des Edelmetallbergbaues im obersten Mölltal wurde das alte Schloß Großkirchheim zu Anfang des 16. Jahrhunderts Sitz eines Bergrichters, der jedoch wegen Baufälligkeit dieses Gebäudes bald nach Döllach verlegt werden mußte.

1560 verkaufte der Gasteiner Großgewerke und Bergrichter Weitmoser die Großkirchheimer Besitzrechte an die Augsburger Gewerkenfamilie Putz, welche von 1485 bis 1620 in den Belangen des Mölltaler Goldbergbaues eine namhafte Rolle spielte.

In Nachbarschaft zum verfallenden alten Schloß ließ Melchior Putz nach 1561 den neuen Schloßkomplex errichten, welcher bis 1620 im Besitz seiner Erben blieb und danach an den Gewerken Martin Strasser fiel.

Um 1680 folgte als Inhaber die Familie Fromiller, welche um 1770 den Besitz an Johann Karl Freiherr von Staudach verkaufte. Inhaber in späterer Zeit waren u. a. Freiherr von Ankershofen, Joseph Aicher von Aichenegg und die Familie Wirth.

Seit 1953 ist Josef Lindsberger Besitzer des Schlosses, welches unter vielen Bemühungen in gutem Bauzustand erhalten und als von zahlreichen Besuchern frequentiertes Museum mit neuem Leben erfüllt wird.

Grünburg

Lamm-Gottes-Darstellung auf einem Reliefstein im Grünburger Wald

Die im Görtschitztal am Westhang der Saualpe liegende Ruine der Zwillingsburg kann über einen engen Fahrweg, der in Kitschdorf bei Wieting seinen Ausgang nimmt, dann entlang des Grünburger Baches und später ansteigend verläuft, erreicht werden.

Bevor man die auf einem schmalen Felsrücken liegende Hauptburg erklimmen kann, die heute von Hochwald umgeben ist, gelangt der Besucher in den Bereich einer bemerkenswerten Vorburg, die sich in einem noch gut erhaltenen und in jüngster Zeit gesicherten Bauzustand befindet. Sie wird von einem dem 13. Jahrhundert entstammenden, starkwandigen, sechsgeschossigen Rundturm mit Hocheinstieg beherrscht, der ursprünglich zuoberst mit einem vorkragenden, hölzernen Wehrgang versehen war, von dessen Höhe aus der hier als einziger Zugang zur Hauptanlage vorbeiführende Burgweg bestens überwacht und verteidigt werden konnte. Zusätzlich wurde der teilweise durch Halsgräben geschützte Bergfried im Spätmittelalter mit einer hohen Zinnenmauer mit Schießscharten umgeben, in die ein in Richtung Hauptburg weisender Torbau eingelassen ist. An dieser Stelle diente auch ein in den Bering integrierter und aus diesem teilweise vorspringender, eingeschossiger Wohnbau als Behausung der Wächter. Nach dem Passieren der Vorburg erreicht man auf kurzer Strecke einen breiten Halsgraben, an dessen Rand sich vormals weitere Befestigungsanlagen befunden haben, die heute jedoch gänzlich verschwunden sind. Wo früher eine hölzerne Brückenkonstruktion, die teilweise als Zugbrücke ausgebildet war, die Hauptburg erreichen ließ, kann der Graben jetzt nur mühsam über eine diesseits in die Tiefe führende, steile Holzleiter und einen jenseitig emporsteigenden Fußpfad überwunden werden.

Im Gegensatz zum gut erhaltenen Vorwerk befindet sich die in der ersten Hälfte des 12. Jahrhunderts errichtete und bis ins 16. Jahrhundert mehrfach veränderte Hauptburg bereits in einem weitgehend verfallenen Zustand. Vor allem das Feste Haus sowie verschiedene Wohn- und Wirtschaftsgebäude samt Verbindungsmauern und Toranlagen sind bereits eingestürzt und nur noch in Rudimenten vorhanden.

Allein die in den äußeren Bering, der die Anlage einst vollständig schützte, integrierte und aus dieser polygonal vorspringende, mehrgeschossige Burgkapelle ist noch in einem halbwegs intakten Zustand, der eine bereits begonnene Renovierung möglich macht. Die ursprünglich romanische Kapelle wurde im 14. Jahrhundert umgebaut, ihre beiden vorhandenen Geschosse erhielten zwei weitere, von denen das oberste wehrhaft gestaltet war.

Urkundlich wird die Burg, über die nur wenige Quellen berichten, 1217 im Besitz der Grafen von Görz-Tirol genannt, welche damit das Ministerialengeschlecht der Grünburger belehnt hatten.

In der zweiten Hälfte des 15. Jahrhunderts sind als Burgherren Wolfgang Fleck und Hans von Wolkenstein nachweisbar. Hans Leonhard von Windischgrätz hatte 1626 die damals schon Verfallserscheinungen aufweisende Grünburg inne, später folgten u. a. der Gewerke Georg Ambthoffer und die Freiherrn von Gaisruck.

Seit 1969 befindet sich die Ruine im Eigentum der Familie Haslinger, die für eine Renovierung noch erhaltenswerter Burgteile Sorge trägt.

Schloß Hallegg im Nordwesten Klagenfurts über der Seltenheimer Senke

Hallegg

Das stattliche Schloß Hallegg liegt auf einem östlichen Berghang nordwestlich Klagenfurts und ist entweder von Wölfnitz über die Seltenheimer Senke oder vorbei an den idyllischen Hallegger Teichen (von der Wörther-See-Norduferstraße, Abzweigung rechts vor Erreichen des Kurortes Krumpendorf) erreichbar.

Der heutige Bau geht auf eine bereits im 12. Jahrhundert bestehende kleine Burganlage zurück, die als Turm zu *Haileke* lediglich aus einem durch Wehrmauern geschützten Wohnturm mit anliegenden Wirtschaftsgebäuden und kleinem Hof bestand.

Urkundlich wird das im Dienste der Kärntner Herzöge stehende Ministerialengeschlecht der Hallegger 1213 erwähnt.

Erst im Laufe des 15. und 16. Jahrhunderts entstanden in mehreren Bauabschnitten die weitläufigen, sich um den alten und einen neuen Innenhof gruppierenden Trakte des Schlosses, wobei der Kern des mittelalterlichen Bergfrieds von Hallegg im nördlichen Teil, zwischen unterem und oberem Hof, erhalten blieb.

Die endgültige Umgestaltung der alten Burg zum Renaissanceschloß wurde im Auftrag des Moritz Welzer 1546 abgeschlossen, als nördlich ein quadratischer, dreigeschossiger Torturm, der das Wappen der Welzer-Tänzl trägt, im Nordosten ein runder Kapellenturm und ein dreigeschossiger Wohntrakt im Südosten mit Halle und Durchfahrtsmöglichkeit errichtet und durch eine Mauer in Einheit zusammengefaßt wurden.

So entstand der viereckige untere Hof mit dreigeschossigen Lauben- und Arkadengängen. Auch der schon bestehende, fünfeckige obere Hof erhielt anstelle der alten Wehrstege zweigeschossige Arkadengänge, an den Bogenzwickeln wurden Sgraffito-Medaillons mit den Wappen der Welzer und Khevenhüller angebracht.

Schließlich wurde 1576 von Viktor Welzer, dem Gemahl der Elisabeth Khevenhüller von Aichelberg, noch ein wuchtiger Westtrakt aufgeführt, der an den oberen Hof anschließt und in seinem obersten Geschoß einen weitläufigen, tonnengewölbten Rittersaal mit gekuppelten Renaissancefenstern beherbergt.

Im Obergeschoß des erwähnten Turmes im Nordosten befindet sich eine dem heiligen Franziskus geweihte Kapelle (urk. 1616), zu der offene Galerien führen.

Nach der Herrschaft der Welzer, die bis zum Beginn des 17. Jahrhunderts dauerte, folgten als Besitzer von Hallegg u. a. die Windischgrätz, die Urschenbeck-Massimo sowie Graf Goess.

Der sich nach Renovierungen in den Jahren 1929 und 1953/54 in gutem Erhaltungszustand befindliche, ehemalige Adelssitz gehört heute der Familie Helmig und steht als Schloßpension in Verwendung.

Wer am frühen Morgen von den Hallegger Reitställen einen Ausritt in die tieferliegende Seltenheimer Senke unternimmt und den Blick zurück wendet, kann sich dem verträumten Reiz nur schwer entziehen, den das Schloß mit seinen von schönem Laub bedeckten Mauern und Arkadengängen erweckt.

Hardegg

Auf urgeschichtlich bedeutsamem Boden erhebt sich nordwestlich von Zweikirchen auf einer Anhöhe die Ruine der einst stattlichen Zwillingsburg Hardegg und blickt mit ihrem noch erhaltenen Nordostturm trutzig in das Glantal hinab. Von ihrem erhöhten Standort aus konnten andere Festen im St. Veiter Raum, wie Liebenfels, Alt-Karlsberg und Taggenbrunn, durch Signalzeichen erreicht werden.
Hardegg wird schon 1147 in einer Urkunde Bischof Eberhards II. von Bamberg genannt, als dieser von Markgraf Engilbert mit anderen Burgen um St. Veit auch jene erwarb.
Mengotus und Gotpoldus de Hardeche tauchen namentlich in einer Urkunde, datiert 1134, auf. 1176 starb das Geschlecht der Hardegger Ministerialen mit Hertwig aber bereits aus, es folgten ihnen die Mahrenberger. Zu Anfang des 14. Jahrhunderts gelangte Hardegg als nunmehr herzogliches Lehen an die Freiberger und Aufensteiner, die es bis 1368 besaßen. Ihnen folgten die Khevenhüller, danach wechselten häufig die Besitzer, was dazu führte, daß die einst stolze Feste seit dem 18. Jahrhundert zunehmend dem Verfall überlassen wurde. Der derzeitige Inhaber, Karl Kirchmaier, ist allerdings seit 1977 bemüht, einem weiteren Zusammenbruch Einhalt zu gebieten und hat keine Kosten und Mühen gescheut, um wenigstens den dreigeschossigen, nordöstlichen Turm der Hauptburg samt einem großen Rittersaal zu sichern und nach den gegebenen Möglichkeiten zu restaurieren.
Dieser in schöner Mauertechnik ausgeführte, starkwandige Turm des 13. Jahrhunderts war durch eine Mauer mit einer ihm ähnlichen Turmanlage im Südwesten des Burghügels verbunden, die jedoch fast zur Gänze eingestürzt ist.

Der zwischen den Wohntürmen liegende Trakt der Burg und der kleine quadratische Innenhof sind noch weitgehend erhalten und zeigen sowohl mittelalterliche Bauelemente als auch solche der Renaissance, nachdem in dieser Zeit Umbauten vorgenommen wurden, was auch an der Form der Fensteröffnungen und Stiegenanlagen der Ruine feststellbar ist.
Die Hauptburg war im Südwesten durch eine tieferliegende Vorburg geschützt, die ein Zugbrückentor besaß, welches durch halbrunde Schalentürme mit Schießscharten gesichert war.
Südlich der Feste des Hochmittelalters steht auf einer den Burghügel überragenden Bergkuppe noch Mauerwerk eines romanischen Rundturmes mit hochliegendem Einstiegstor. Dieser sogenannte Fallturm wurde nach F. X. Kohla auf den Resten einer urgeschichtlichen Wallanlage errichtet und kann als Teil einer älteren Burg betrachtet werden, von der südlich dieses Turmes auch noch Ruinen einer romanischen Rundkapelle mit Halbkreisapsis existieren.

Nordostturm der einst stattlichen Zwillingsburg
Hardegg bei Zweikirchen

Blick auf den Bergfried der ehemaligen Burg Hartneidstein im Lavanttal

Hartneidstein

Die auf einem Ausläufer der Koralpe (dem Hartelsberg) in 877 m Höhe liegende Ruine Hartneidstein ist am besten über von Wolfsberg oder St. Stefan ausgehende Fahrstraßen erreichbar, wobei man durch Paildorf und nach Riegelsdorf gelangt, von wo eine linker Hand abbiegende, stetig ansteigende Straße, die in der Nähe des Renaissanceschlosses Reideben verläuft, alsbald zu den Resten der Burg führt. Trutzig ragt auf einem nach drei Seiten abfallenden und nach Norden durch einen Halsgraben gesicherten Geländevorsprung der um 1300 in Bruchsteintechnik erbaute, quadratische Bergfried empor, von dem der südwestliche Teil bereits eingestürzt ist. Ursprünglich besaß der mit einem Hocheinstieg versehene Turm vier Geschosse, von denen das oberste als gedecktes Wehrgeschoß mit schartenbestückter Zinnenmauer ausgebildet war.

Gegen Ende des 14. Jahrhunderts entstand im südlichen Burgareal der heute bis auf Kellerräume schon stark verfallene Palas, der im Osten durch eine hohe Mauer mit dem Bergfried in Verbindung stand.
Im 15. Jahrhundert wurde die Wehrhaftigkeit der Burg durch den Bau weiterer Verteidigungsanlagen verstärkt. Die alte Ringmauer im Westen erhielt einen Zwinger vorgebaut, der im Norden, wo die Wirtschaftsgebäude der Burg standen, durch ein gotisch profiliertes Zugbrückentor mit angebautem Wächterhaus betreten werden konnte.
Als Erbauer der Burg gilt Hartneid von Weißenegg, der 1307 urkundlich erwähnt wird. Bereits 1331 ging die Herrschaft an die Herren von Wallsee über, obwohl auch das bambergische Wolfsberg Hartneidstein als Sitz des Landgerichtes schon längere Zeit gerne an sich gebracht hätte, um ständigen Auseinandersetzungen mit deren Besitzern aus dem Wege zu gehen.
1363 folgten als Inhaber der Burg die Grafen von Cilli, welche 1425 Hartneidstein und Weißenegg im Tausch gegen untersteirische Besitzungen Bamberg überließen, so daß dieses fortan die landgerichtliche Gewalt ausübte.
Als Ende des 17. Jahrhunderts der Sitz des Gerichtes nach Wolfsberg wechselte, begann der Verfall von Hartneidstein. 1724 erhielt der Bergfried letztmals eine neue Schindelabdeckung, während die übrigen Gebäude der Burg zunehmend baufällig wurden.
Mit dem Verkauf der bambergischen Besitzungen gelangte auch die Ruine 1759 an Österreich, danach 1825 an die Gebrüder Rosthorn und ist seit 1846 im Besitz der Grafen Henckel von Donnersmarck.

Hochosterwitz

Der Aufstieg zur bedeutendsten und schönsten Burg Kärntens, die infolge ihrer beherrschenden Lage auf einem aus der Ebene aufragenden, schroffen Triaskalkfelsen und der vortrefflichen Wehrbauten unter allen österreichischen Burgen eine Sonderstellung einnimmt, beginnt beim sogenannten *Fähnrichstor*. Der stetig ansteigende Burgweg führt in der Folge in weiten Schleifen durch insgesamt vierzehn mit Steinplattln oder Schindeln gedeckten Torbauten, welche nicht nur wehrtechnische, sondern auch repräsentative Funktion zu erfüllen hatten, zur Hauptburg.

Die mit mannigfachen Verteidigungseinrichtungen ausgestatteten Tore sind gegen den Abgrund untereinander durch starke, meist zinnenbekrönte Mauern mit Schießscharten verbunden, in die an exponierten Stellen noch zusätzlich Bastionen sowie Wach- und Auslugtürme einbezogen sind.

Gemalte Fresken fahnenschwingender Landsknechte, zuletzt 1957 erneuert, zieren die Mauerflächen beiderseits des ersten Burgtores, welches das Wappen des Georg Khevenhüller (bez. 1575), eine Inschriftentafel und einen Schlußstein mit Salvatorrelief trägt. An der Außenfront des mit einem Wehrobergeschoß versehenen Torbaues ist rechts unten das Steinrelief eines Frauenbildnisses eingemauert. Daß es sich dabei, wie vielfach vermutet, um das Bildnis der Gräfin Margarethe Maultasch handeln könnte, ist historisch unhaltbar, denn die angebliche Belagerung der Burg durch die streitbare Tirolerin gehört, weil nie stattgefunden, in den Bereich der Sage verbannt.

Nachdem das abwechselnd mit weißem Kalkstein und grünem Schiefer gestaltete Rundbogenportal durchschritten ist, wird alsbald das *Wächtertor* (bez. 1577) erreicht. Ein in seinem Obergeschoß befindlicher, beheizbarer Raum für die Wachmannschaft hat diesem Bau den Namen gegeben, der über dem rundbogigen Rustikaportal einen zweifenstrigen, auf Kragsteinen ruhenden Gußerker besitzt.

Es folgen das *Nautor* und das *Engeltor* (bez. 1577), welches eine vorgelagerte Zugbrücke besaß und dem ein Waffenplatz mit Wachturm benachbart ist.

Auffallend ist das aus rotem Sandstein gefertigte Rustikaportal mit Kämpfer und Schlußstein aus weißem Marmor. Dieses starke Bollwerk entstand über den Resten eines Vorwerks der mittelalterlichen Burganlage.

Danach erreicht der Burgweg das 1577 errichtete *Löwentor*, benannt nach derartigen Malereien auf seinem eisenbeschlagenen Türflügel. Über dem grauen Portal mit Zugbrückenanschlag befindet sich ein Schlußstein mit Kreuz, Spruchtafel und Reliefbild des Erlösers. Besondere Wehreinrichtungen zeigt das sechste oder *Manntor* (bez. 1578), während das nachfolgende *Khevenhüllertor* wohl in erster Linie repräsentative Zwecke erfüllte und durch seine prachtvolle Gestaltung besonders ins Auge fällt. Der dreistöckige Torbau mit Zinnenabschluß besitzt ein vorkragendes Obergeschoß mit zahlreichen Schußerkern. Das grüne Rundbogenportal mit Rustikarahmung in Rechteckform hat über dem Schlußstein mit Löwenkopf und Khevenhüllerwappen (bez. 1580) eine Nische, in der das marmorne Reliefbildnis des Georg Khevenhüller, der Hochosterwitz in dieser Gestalt erbauen ließ, zu sehen ist.

Nach größerem Abstand folgt das einst mit einer um ihre Mittelachse drehbaren Zugbrücke versehene *Landschaftstor* (bez. 1570), an dem das Wappen Kärntens prangt. Hinter diesem Tor mit zwei vorgelagerten Wachtürmen beschreibt der Burgweg eine scharfe Kehre und erreicht zunächst das *Reisertor*, dann das *Waffentor* mit Inschrift und Marmorbüste Erzherzog Karls von Kärnten und Steiermark (bez. 1576).

Fähnrichstor mit Fresken und Wappen des Georg Khevenhüller

66

Dreigeschossiges Khevenhüllertor mit vorkragendem Wehrobergeschoß

Es folgen das *Mauertor* (bez. 1575) und das *Brückentor*, welches in seinem Obergeschoß noch die zum Aufziehen der dort befindlichen Zugbrücke nötige hölzerne Winde samt Rollen und Ketten besitzt. Nach einer weiteren Windung des Weges trifft man auf das im Schutz der Bastion eines Wachturms liegende *Kirchentor* (bez. 1578), von wo zwei Richtungen eingeschlagen werden können. Die erste führt zur rechts unterhalb liegenden Burgkirche mit der Familiengruft der Khevenhüller, die zweite aufwärts zum 14. und letzten Tor, das nach den Kulmern, welche Pfleger der Burg waren, benannt ist. Es entstand 1575 und zeigt ein Rustikaportal aus rotem Sandstein mit vorgelagerter Zugbrücke, Gußerker sowie spitzem Fallbaum und Fallgitter.

In der gewölbten Durchgangshalle dieses Torbaues, wo heute eine der letzten erhaltenen Burgkanonen zu besichtigen ist, wendet sich der Burgweg scharf links und mündet in den der Hauptburg an der Hangseite vorgelagerten Zwinger, der durch hohe Zinnenmauern und starke Eckbastionen geschützt wird.

Von einem an den letzten Torbau angelehnten Mauertürmchen im Süden dieses Bereiches kann man über einen gesicherten Weg ebenfalls zum eigens befestigten Platz gelangen, wo die den beiden Heiligen Johann Nepomuk und Nikolaus geweihte Burgkirche aus dem Jahre 1586 emporragt. Dabei handelt es sich um einen gotisierenden Bau mit spitzhelmigem Chorturm, zweijochigem kreuzgewölbtem Schiff und polygonalem Chor. Das prächtige Westportal zeigt figürliche Reliefs eines Mannes und einer Frau, der zwölf Apostel und Christi. Viersäuliger Hauptaltar aus dem Jahre 1729.

Ein älterer, vergoldeter Bronzealtar von 1580 mit Statuen und Reliefs sowie der knieenden, aus Holz geschnitzten Figur eines betenden Ritters, wahrscheinlich eine Darstellung Georg Khevenhüllers, befindet sich heute im Burgmuseum.

Die Hochburg besteht aus dem älteren, zweigeschossigen Nordtrakt mit zwei vorspringenden runden Ecktürmen, dem langgezogenen Westflügel und einem jüngeren südlichen Anbau, der aus der Zeit um 1683 stammt. Durch diesen letzteren führt eine steile Treppe, die neben einem mit seinem Halbrund aus der Mauerflucht ragenden Turm ihren Anfang nimmt, in den Bereich der Burghöfe.

Der südlich gelegene, kleinere Innenhof mit Zisterne wird von ebenerdigen Pfeilerarkaden und einem von Säulen getragenen Laubengang im Obergeschoß, der zu dem einen prächtigen Ausblick gewährenden Söller führt, dominiert.

Der große Burghof mit schönem Baumbestand und idyllischem Ziehbrunnen wird von den erwähnten Gebäudetrakten mit Laubengängen im Westen und Süden, von einer Wehrmauer im Osten sowie einem Gebäude im Südosten begrenzt, in dem die Wohnung des Kastellans untergebracht ist. Durch das Untergeschoß führt heute ein Waren- und Materialaufzug an den Fuß des Burgberges. An der Ostseite befindet sich auch eine kleine Kapelle, die in ihrem Kern auf einen

Khevenhüller-Chronik: Wappen der Khevenhüller und Mannsdorf

Bau des Mittelalters zurückgeht (urk. 1321), 1568 jedoch umgebaut wurde. Im tonnengewölbten Raum mit halbkreisförmiger Apsis sind Wand- und Deckenmalereien, ein Knorpelwerkaltar sowie ein Tafelbild mit Darstellung der Familie Georg Khevenhüllers zu sehen. Im Westtrakt der Burg ist ein mit sehenswerten Schauobjekten ausgestattetes Museum untergebracht, welches über die Geschichte der Burg und des Hauses Khevenhüller Aufschluß gibt.
Neben zahlreichen Kunstgegenständen, Bildern und Dokumenten erwecken vor allem auch die ausgestellten Waffen und Rüstungen die Aufmerksamkeit der Besucher. Hätte Napoleon nicht einst die Rüstkammern der Burg plündern und zahlreiche Wagenladungen an Geschützen, Musketen, Hellebarden, Schwertern, Hakenbüchsen, Rüstungen etc. wegschaffen lassen, wären der Nachwelt noch weit mehr Relikte mittelalterlicher Kampfausrüstungen erhalten geblieben. Nach der Besichtigung der musealen Ausstellungsstücke kann der Besucher der Burg im schattigen Hof Platz nehmen und sich an Kulinarischem erfreuen, das eine im Nordtrakt untergebrachte Gaststätte anzubieten hat.
Aufgrund zahlreicher Funde kann angenommen werden, daß der Burgfelsen schon ab der Bronzezeit besiedelt war. Urkundlich taucht 860 n. Chr. der Name *Astarwiza* auf, der im Laufe der Zeit in *Osterwitz* überging.
Bis in das 12. Jahrhundert war die Burg im Besitz des Erzbistums Salzburg, wobei der alte Baubestand lediglich einen Bergfried mit anliegendem Palas, eine Kapelle und den äußeren Bering umfaßte. Erst in der Zeit der Schenken von Osterwitz, die Lehensträger der späteren landesfürstlichen Herrschaft waren, wurden Vorwerke errichtet. Wehrbauten schützten den üblichen Burgweg, aber auch einen im Süden des Burgberges hinanführenden Steig.

Nach dem Niedergang des Ministerialengeschlechtes von Osterwitz fiel die Burg 1478 an die Habsburger, die sie mehrfach verpfändeten, so u. a. an Bischof Matthäus Lang von Gurk, der einige Umbauten an den mittelalterlichen Gebäuden durchführen ließ. Nach dessen Tod (1541) kam Osterwitz im Pfandwege an Christoph Khevenhüller von Aichelberg, Mitglied einer fränkischen Adelsfamilie, die durch Handel und Bergbau zu bedeutendem Reichtum gekommen war.

In einer Zeit, als die Entwicklung landesweit bereits vom Burg- zum Schloßbau überging und die Errichtung daher als anachronistisch gelten mußte, ließ er – vermutlich nach Plänen des Domenico dell'Aglio und nach modernsten wehrtechnischen Gesichtspunkten – den imposanten Ausbau der alten Feste planen und beginnen. Fortgesetzt und 1586 vorläufig beendet wurde dieses Vorhaben jedoch von seinem Neffen Georg von Khevenhüller, der 1571 Osterwitz im Kaufwege als unbeschränktes Eigentum erwerben konnte. Dieser hatte als Landeshauptmann von Kärnten und Geheimer Rat Erzherzog Karls großen politischen Einfluß und war zweimal verheiratet, jeweils mit der Tochter eines reichen Goldgewerken. Nicht zuletzt dadurch und gestützt auf seine eigene Wohlhabenheit konnte der großzügige Ausbau der Hochosterwitz vollzogen werden, die den Herren von Khevenhüller allerdings nicht als Wohnsitz diente, sondern ausschließlich Repräsentationsbau mit vorbildlichen Wehreinrichtungen war. Als Georg Khevenhüller starb, stellte er die testamentarische Forderung auf, daß seine Nachkommen die Burg niemals verkaufen, verschenken, teilen oder verpfänden dürften.

So blieb Hochosterwitz, obwohl die protestantischen Khevenhüller aufgrund eines im Zuge der Gegenreformation durch Kaiser Ferdinand verfügten Generalmandates (1628) Kärnten verlassen mußten und meist in schwedische Dienste traten, durch Übertritt eines Enkels Georg Khevenhüllers zum Katholizismus fortan im Besitz der Khevenhüller, die 1673 den Grafenstand erlangten.

Fürst Max Khevenhüller-Metsch, derzeitiger Inhaber der weit über die Landesgrenzen hinaus bekannten Burg, fühlt sich wie seine Vorfahren dem testamentarischen Vermächtnis Georg Khevenhüllers verbunden, indem er der weitläufigen Anlage trotz größter wirtschaftlicher Belastung durch die ständig steigenden Kosten für die notwendigen Instandsetzungs- und Erhaltungsarbeiten jedwede Pflege und Obsorge angedeihen läßt.

So blieb die das Landschaftsbild weithin beherrschende Hochosterwitz ein Juwel unter den Burgen Kärntens und Österreichs und wird jahraus jahrein von Besuchern aller Altersstufen gestürmt, die sich gerne durch die nach wie vor in seltenem Originalzustand befindlichen Wehrbauten und durch interessante Burgführungen in die Vergangenheit einer Ritterburg entrücken lassen, wie sie sonst nur Kinderträumen oder märchenhaften Bilderbüchern entstammen könnte.

Hohenburg auf Rosenberg – Teile der Ringmauer mit nordöstlichem, restauriertem Wehrturm

Hohenburg

Diese bemerkenswerte und die Blicke stets auf sich ziehende Ruine, nordwestlich über dem Markt Oberdrauburg auf einer kleinen Hochterrasse gelegen, hatte einen in zweifacher Hinsicht bedeutsamen Standort. Einmal führte in unmittelbarer Nähe der Burg ein wichtiger Handelsweg ins althergebrachte Bergbaugebiet um Zwickenberg, zum anderen trug ihre aussichtsreiche Lage dazu bei, daß die dort landschaftlich bedingte Schleife der Drau samt der Handelsstraße nach und von Osttirol bestens eingesehen und überwacht werden konnte. Von der Hohenburg aus waren auch die in der Schattseite des oberen Drautales gelegenen Wehrbauten, wie Flaschberg und Stein, durch Signalzeichen erreichbar. Die in ihren Ausmaßen relativ kleine, bautechnisch aber dennoch sehr interessante Anlage, wurde in den letzten Jahren einer forcierten Sicherung ihres Bauzustandes unterworfen. So blieben bis heute bedeutende Teile eines mehrgeschossigen Turmbaues sowie Reste eines Palas und der die Anlage umfassenden Ringmauer samt einem Rundturm mit Rechteckerker an der Nordostecke erhalten.

In ihrem Grundbestand reicht die Hohenburg bis ins Frühmittelalter zurück, vor allem was den Turmbau betrifft, doch muß, vom jetzigen Bestand aus betrachtet, eine gründliche Erneuerung um 1500 angenommen werden. Der Turm, als ältester Teil der Burg, wurde in das neue Baukonzept miteinbezogen und im Sinne einer besseren Bewohnbarkeit ausgestaltet. Umrundet man die Ringmauer der fast quadratischen Burganlage, fällt vor allem der an ihrer Nordostecke erhalten gebliebene Rundturm auf, der an der Stelle, wo der Burgweg heranführte, wohl zusätzlichen Schutz bieten konnte. Wie auf alten Abbildungen ersichtlich ist, trug dieser Mauerturm noch um 1860 ein kegelförmiges Zeltdach, welches dann gänzlich verfiel und erst in letzter Zeit erneuert wurde.

Ruine Hohenburg (nach einer Bleistiftzeichnung von M. Pernhart)

Wie bei vielen Objekten hat auch auf der Hohenburg die Nichtinstandsetzung schadhafter Dächer dazu geführt, daß Verwitterung und Verfall rasch um sich greifen konnten.

So nimmt es nicht wunder, daß die Nordwand des Turmhauses im Jahre 1911 zusammenstürzte, dabei auch noch die nördliche Ringmauer beschädigend. Einige damals durchgeführte Sicherungsarbeiten haben bei weitem nicht ausgereicht, weiteren Zerstörungen Einhalt zu gebieten. Im Laufe der nächsten Jahrzehnte ging noch manches bedeutsame Bauelement auf diese Weise verloren, und erst sehr spät wurde der desolate Bauzustand so gesichert, daß bis auf weiteres eine Stagnation des Verfalls eingetreten ist.

Die erste urkundliche Nennung des Adelssitzes auf dem Rosenberg fällt in das Jahr 1202 (Pabo von Hohenburg). Im 14. Jahrhundert hatten die Grafen von Ortenburg den Besitz als salzburgisches Lehen inne, danach folgten die Grafen von Cilli, von denen Ulrich II. die Burg 1455 an Herzog Siegmund von Österreich verpfändete.

Nachdem 1460 die Herrschaftsverhältnisse an Kaiser Friedrich III. übergegangen waren, wurde Georg Hauser mit der Hohenburg belehnt. Seit 1495 hatte dann wieder die Familie der Grafen von Hohenburg, die schon zur Zeit der Ortenburger Lehensträger waren, den Besitz inne, die sich nach einem Lehensbrief Kaiser Maximilians I. als *zum Rosenberg* bezeichneten.

In den letzten Jahren des 15. und im beginnenden 16. Jahrhundert wurde die Burg dann auf älterer Grundlage erneuert und durch Zubauten erweitert.

Die letzte Erbin des Hohenburgschen Geschlechtes, Elisabeth von Aichelburg, veräußerte die Burg schließlich an die Freiherrn von Aschau, die ihrerseits 1729 den einst ritterlichen Besitz an die Freiherrn von Sternbach verkauften. In den Anfangsjahren des 19. Jahrhunderts, als Verfallserscheinungen das Bruchsteinmauerwerk der Burg immer mehr in Mitleidenschaft zogen und die Geldmittel für eine gründliche Renovierung offensichtlich fehlten, gaben die Sternbachs die Wohnstätte in der Burg auf und bezogen das am Fuße des Burghügels liegende Gut Schröttelhof, wo die Besitzer der Hohenburg fortan ihr Domizil aufschlugen.

1842 erwarb dann der damalige Postmeister von Oberdrauburg, Anton Pichler, die gesamte Anlage, doch griff der Verfall des Objektes weiter um sich. Erst nach dem Einsturz 1911 erstellte der damalige Besitzer, Architekt Franz Pichler, einen Plan zum Wiederaufbau der Burg, doch scheiterte dessen Durchführung am beginnenden Ersten Weltkrieg und dem frühen Tod des Architekten.

1975 ging das halb verfallene Gemäuer schließlich zum symbolischen Kaufpreis von einem Schilling aus dem Besitz der Familie Pichler an die Gemeinde Oberdrauburg über. In der Folge wurden aufgrund einer Initiative des Vizebürgermeisters Franz Jochum und unter Mitwirkung der ansässigen Bevölkerung grundlegende Sicherungs- und Instandsetzungsarbeiten durchgeführt. Heute ist die restaurierte Ruine nicht nur frequentiertes Ausflugsziel für jung und alt, sondern auch alljährlich Mittelpunkt der Hohenburger Kulturtage. Neuer Geist wohnt im alten Gemäuer.

Hollenburg

Nördlich der Drau liegt auf einem Konglomeratfelsen in beherrschender Höhe über dem Rosental das in wesentlichen Teilen auf einen Bau des Mittelalters zurückgehende Schloß, welches trotz des großzügigen Ausbaues im 16. und 17. Jahrhundert seinen burgähnlichen Charakter beibehalten hat. Der Burgweg führt von Norden her zunächst durch einen mächtigen Torturm mit abgetrepptem Giebel und gemalter Scheinarchitektur, die oberitalienischen Vorbildern nachempfunden ist. Über eine langgestreckte, stetig ansteigende, einen Halsgraben überbrückende und auf Pfeilern ruhende gedeckte Durchfahrtshalle mit Steinpflasterung und hölzernem Laufsteg gelangt man schließlich zur eigentlichen Toranlage der Burg, welche früher durch eine Zugbrücke gesichert werden konnte, und durch den Nordtrakt in den allseits von Gebäuden umschlossenen Innenhof der Hollenburg. Dieser besitzt eine Holzgalerie und an der gegenüberliegenden Ostseite einen Palas des 14. und 15. Jahrhunderts, dem 1558 doppelgeschossige Renaissancelauben angebaut wurden. Im Erdgeschoß dieses Traktes befinden sich der ehemalige Ratssaal mit Schwingrippengewölbe und eine dem heiligen Nikolaus geweihte Kapelle, ein Rechteckbau mit Stichkappentonne im Chorteil und gotischen Stilelementen. In ihrem Inneren ist ein Freskenzyklus aus der zweiten Hälfte des 14. Jahrhunderts erhalten geblieben. Die über teils weit hinabreichenden Stützmauern aufragenden Außenfronten des polygonen Schloßbaues sind weitgehend schmucklos, an der Südseite blieben Zwillingsfenster der Renaissance erhalten.

Im Westen ist das ehemalige, nicht mehr in Verwendung stehende Eingangsportal mit darüberliegendem Erkerfenster zu sehen.

Im Schloßhof bzw. an den Arkaden fallen Reliefs von Grabbauten der Römerzeit sowie mehrere Wappen und Inschriften ins Auge, wobei besonders das vortreffliche, steinerne Alliancewappen Dietrichstein-Starhemberg hervorzuheben ist.

Einer der von Georg Traar im Schloßhof 1924 aufgedeckten weisen Sprüche, von denen einige die Mauern zieren, lautet:

Wenn du einen trewen freund wilst han,
Siehs guet nit, sondern sherze an.
Ein schlechter Gsel redt auch offt wol
der Meinnung man denn volgen sol.

Während Besucher der Hollenburg die inneren Räumlichkeiten nicht besichtigen können, gewährt ein zugänglicher und daher besonders frequentierter Söller an der Südostseite des Schlosses einen herrlichen Ausblick über weite Teile des Rosentales und der Karawanken mit ihren Vorbergen. Dienten die zahlreichen Höhlen des Hollenburger Konglomeratfelsens schon in prähistorischer Zeit als gesicherte Wohnstätten, vermuten Geschichtsforscher, daß sich im Bereich des Burgplatzes auch der schon in der zweiten Hälfte des 9. Jahrhunderts genannte Königshof Trahoven befunden hat.

Die Hollenburg selbst wird 1142 als Sitz eines gleichnamigen steirischen Ministerialengeschlechts erwähnt, dem die Pettauer und Stubenberger folgten. Nach den Zerstörungen des großen Erdbebens im Jahre 1348 und einem Brand in der Zeit der Türkeneinfälle wieder instandgesetzt, gelangte die Burg nach längerer Verwaltung durch Pfleger als freies Eigen in den Besitz der Grafen von Dietrichstein, welche sie über ungewöhnlich lange Zeit (1514 bzw. 1523 bis 1861) innehatten.

In ihrer Zeit wurde das Schloß wiederholt durch Naturkatastrophen in Mitleidenschaft gezogen, so durch ein neuerliches Erdbeben (1571) und einen durch Blitzschlag ausgelösten Großbrand im Jahre 1856. Damals wurde im Zuge der Renovierung der zerstörte Bergfried nicht mehr erneuert.
1913 erwarb Ludwig Wittgenstein von den zahlreichen Dietrichsteinschen Erben die Hollenburger Besitzungen, welche 1923 an Marie Falzer-Wittgenstein und Hermine Maresch-Wittgenstein übergingen und derzeit der Familie Kyrle gehören.

Hunnenbrunn

Rechter Hand der von Norden nach
St. Veit/Glan führenden, alten
Bundesstraße liegt kurz vor Erreichen der
Stadt das Schlößchen Hunnenbrunn auf
einer Anhöhe. Früher war die Bezeichnung
Hungerbrunn üblich, hergeleitet von der
Schloßquelle, die in Trockenperioden gerne
versiegte und somit Wassermangel zur
Folge hatte. Erst um 1822, als Peter Graf
Goess den Besitz innehatte, wurde der
Name des Schlosses sinnentfremdet und in
das wohlklingendere Hunnenbrunn
umgewandelt, obwohl keinerlei Bezug zu
den Hunnen gegeben war.
Der auf älterer Grundlage über
rechteckigem Grundriß in der zweiten
Hälfte des 16. Jahrhunderts errichtete
Renaissancebau, wiederholt umgebaut und
nachteilig neuzeitlich verändert (Anbauten
1971/72), ist doppelgeschossig und besitzt
an seinen Schmalseiten zwei niedere
Rundtürme mit barocken Zwiebelhelmen
sowie ein Glockentürmchen über der
Dachmitte.
Dem eigentlichen Schloß ist ein barockes
Wirtschaftsgebäude benachbart, welches
hufeisenförmig einen nach Norden offenen
Hof umschließt, der an drei Seiten
zweigeschossige Arkadengänge aufweist.
Ein in Hunnenbrunn befindlicher
Marmorbrunnen mit dem Wappen der
Khevenhüller (aus 1585) wurde im Jahre
1948 in den Hof des Schlosses Karlsberg
verlegt. Fragmente eines zweiten
Hofbrunnens (aus 1580) mit zwei
Männerbüsten sind noch vorhanden.
Der kleine Schloßpark ist straßenseitig von
einer Umfassungsmauer begrenzt, in deren
südöstlicher Ecke ein Pavillon des
18. Jahrhunderts mit Zwiebelhelm
integriert ist.

Das Bauerngut Hungerbrunn gehörte ursprünglich zur Herrschaft Kraig und war zur Zeit des Schloßbaues im Besitz der Khevenhüller (1570–1619). Später folgten als Inhaber u. a. der kaiserliche Münzmeister Hans Georg Pero, der Stadtrichter und Bürgermeister von St. Veit, Johann Jakob Kärner, die Familien Mayerhofer, Goess, Schreiner und Klimbacher.
Nach Kauf durch die Kärntner Landesregierung (1964) steht Hunnenbrunn derzeit als Fachschule für ländliche Hauswirtschaft in Verwendung.

Kraiger Ruinen

Vorbei an Schloß Frauenstein oder am Grassenhof sowie auch von der Ortschaft Kraig und vom Kraiger See führen jeweils romantische Wanderwege durch ein ausgedehntes Waldgebiet und an stillen Weihern entlang zu den Ruinen dreier Wehrbauten des Mittelalters, die geländebedingt auf unterschiedlichen Felsterrassen thronen.

Am Rande eines steil abfallenden Felsvorsprungs und vom Hinterland durch einen Halsgraben getrennt, ragt der weitgehend erhaltene Bergfried der aus der ersten Hälfte des 13. Jahrhunderts stammenden Burganlage Hoch- bzw. Altkraig empor.

Deren später auf engem Raum zusätzlich angelegte gotische Wohn- und Wirtschaftsbauten im Süden des Turmes, die auf einem tieferliegenden kleinen Felsplateau stehende gotische Kapelle und der die Anlage großteils umgebende äußere Bering weisen teils arge Verfallserscheinungen auf oder sind teils gänzlich zusammengebrochen.

Den Stürmen der Zeit hat auch ein in nördlicher Nachbarschaft zu Hochkraig, auf heute unzugänglichem Felsstock gelegenes romanisches Vorwerk widerstanden, dessen viergeschossiger, starkwandiger Fallturm mit abgerundeten Kanten und Hocheinstieg nach wie vor trutzig ins Land blickt.

Von diesen beiden hochgelegenen Bollwerken fällt der Blick unwillkürlich auf die tieferliegenden Ruinen der längsgerichteten, von zwei Türmen dominierten Burg Niederkraig (Neukraig), welche unter Ausnützung der Beschaffenheit des Geländes in wehrtechnisch besonders geschickter Weise angelegt wurde. Leider ist der Bestand dieser bemerkenswerten Anlage völlig dem Verfall preisgegeben und nicht gesichert. Ihr oberer Teil wird von einem über rechteckigem Grundriß erbauten, fünfgeschossigen Bergfried aus dem 13. Jahrhundert eingenommen, der auch als Wohnturm verwendbar war und ursprünglich nur durch einen mittels Leiter erreichbaren Hocheinstieg betreten werden konnte. Noch heute ist im Inneren dieses Turmes die ehemalige Einteilung der Stockwerke, welche durch Tramdecken getrennt waren, deutlich erkennbar. Auffallend ist eine an seiner südlichen Außenwand in Höhe des vierten Geschosses eingelassene, dreiteilige Fenstergruppe, wie sie in ähnlich repräsentativer Form auch an anderen Kärntner Burgen, wie Alt-Mannsberg, Glanegg und Liebenfels, auftritt. Südlich dieses Turmes liegt ein zweiter, einst zinnenbekrönter Bergfried, um den sich sowohl Reste gotischer Zubauten des 14. und 15. Jahrhunderts als auch eines dreigeschossigen, vorwiegend im 16. Jahrhundert erweiterten Palas gruppieren. Dieser Wohntrakt war großzügig angelegt und vorzüglich ausgestattet, was durch noch erhaltene Stilelemente, wie marmorne Fenstergewände und -kreuze, dokumentiert wird.

Der Bereich der Hochburg, die Burghöfe und die tieferliegenden Wirtschaftsgebäude waren von einem Bering mit Tor- und Befestigungsanlagen umgeben, doch sind davon nur noch Rudimente vorhanden. Eine links nach dem äußeren Burgtor auf vorspringendem Felsen stehende, im Kern mittelalterliche Rundkapelle, dem heiligen Johannes Nepomuk geweiht, wurde um 1730 barockisiert und weist zwei in ihr Mauerwerk eingefügte Römersteine auf. Diese stammen aus Funden, die im Bereich der durch das Kraiger Gebiet führenden alten Römerstraße gemacht wurden.

Da der Burgplatz von Niederkraig keine eigene Quelle besaß, machte man diesen Nachteil durch Errichtung eines Aquäduktes wett, der gut erhalten ist. Dieses 40 m lange und 10 m hohe Bauwerk trug eine auf quadratischen Pfeilern und dazwischenliegenden Rundbogen ruhende, hölzerne Rohrleitung, welche Quellwasser in ausreichender Menge vom höheren Niveau eines westlich des Burghügels von Niederkraig gelegenen Berghanges heranführte.

Inhaber der Kraiger Burgen waren die Herren von Kraig, ein altes Kärntner Ministerialengeschlecht, das bereits im 11. Jahrhundert urkundliche Erwähnung findet. Sie fungierten im 13. Jahrhundert als herzogliche Truchsesse und später auch als Landeshauptleute von Kärnten.

Als die männliche Linie der Kraiger in Kärnten vor 1558 ausstarb, fielen die Besitzungen an Barbara, Tochter des letzten Kraigers, die mit Johann von Hardegg verheiratet war.

Ab 1591 hatten die Khevenhüller die Herrschaft Kraig inne, bis Freiherr Paul Khevenhüller diese im Jahre 1629, bevor er als Protestant Kärnten verlassen mußte, an Ludwig Freiherrn Grotta von Grottenegg verkaufte, in dessen Familie Kraig bis 1682 verblieb. Danach folgten als Inhaber der bereits im Verfall begriffenen Burgen u. a. die Familien Kronegg, Mayerhofen und Goess.

Khevenhüller-Chronik: ritterliches Paar um 1620; im Hintergrund die Kraiger Schlösser

Ruine der Burg Niederkraig mit mittelalterlicher, dem hl. Johannes Nepomuk geweihter Rundkapelle

Restaurierte Burgruine Landskron nordöstlich von Villach

Landskron

Die als Ausflugsziel bekannte, eine Gaststätte und eine Falknerei beherbergende, nach 1952 teilweise restaurierte Ruine Landskron erstreckt sich auf einem Felshügel nordöstlich von Villach. Auf diesem Burgberg standen möglicherweise schon in römisch-keltischer Zeit Tempelbauten. Während der Restaurierungsarbeiten wurden auch drei Weihealtäre für die keltische Gottheit Vocretanus gefunden und im jetzigen Speisesaal der Burgtaverne eingemauert.
Der Baubestand der Landskron geht vorwiegend auf den in der zweiten Hälfte des 16. Jahrhunderts erfolgten großzügigen Ausbau einer ursprünglich kleinen Burganlage des 14. Jahrhunderts zurück. Zwei zueinander rechtwinkelig verlaufende, verschieden lange Wohntrakte mit kürzerem Seitenflügel gegen Osten sowie ein schräggestellter Einzeltrakt bildeten den Innenhof der Burg. Der kürzere Westflügel wurde von einem aus seiner Mitte vorspringenden, mächtigen, mehrgeschossigen Turm überragt, der 1912 wegen Baufälligkeit einer Sprengung zum Opfer fiel.
Im Süden dieses Traktes wurde die Burgkapelle errichtet, die an ihrer Ostseite einen achteckigen Glockenturm besitzt. Westportal und Fenster sind in Spitzbogenform ausgeführt. An ihrer Außenseite ist ein Marmorgrabstein mit Wappen für Bartholomäus Khevenhüller (gest. 1613) von Martin Pacobello eingemauert, der 1955 im Schutt sichergestellt werden konnte.
Ein auf dem letzten Stand der Wehrtechnik des 16. Jahrhunderts aufbauendes Verteidigungssystem wurde zum Schutz der Hauptburg angelegt, bestehend aus Vorwerken mit Zwinger, Zinnenmauern mit Leiterwulst und einbezogenen Kasematten- und Basteibauten, Wehrgängen und zahlreichen Mauertürmen. Ein Torbau mit anliegendem Wachturm sicherte das Haupttor im Süden.

Die Burg wurde nach 1350 von den Habsburgern mehrfach verpfändet, u. a. auch an die Grafen von Cilli, die mit dem bambergischen Villach immer wieder in Konflikt gerieten.
Nach dem Aussterben dieses Geschlechtes wurde Landskron wieder kaiserlich und meist von Pflegern verwaltet.
1542 verkaufte Kaiser Ferdinand I. die durch einen Brand schwer in Mitleidenschaft gezogene Burg an Christoph Khevenhüller, Landeshauptmann von Kärnten, der 1543 die Erlaubnis erhielt, sich *zu Aichelberg und Landskron* zu nennen.
In der Folge wurde Landskron schloßähnlich ausgebaut und mit modernsten Wehreinrichtungen versehen. Unter seinem Sohn und Nachfolger Bartholomäus Khevenhüller wurde dieses Vorhaben weiter ausgeführt und beendet. Die Zeugkammern der Burg beherbergten zu dieser Zeit nicht nur Waffen der herkömmlichen Gattung und Rüstungen, sondern auch Geschütze, wie Feldschlangen und Kanonen. So war die mit ständiger Besatzung belegte Feste jederzeit zur Verteidigung bereit.
Im Zuge der Gegenreformation ging Landskron schließlich für das Haus Khevenhüller verloren. Als 1639 die Grafen von Dietrichstein die Besitzrechte übernahmen, hatte der Niedergang der einst stolzen Burg bereits eingesetzt, der durch Abverkauf vieler Einrichtungsgegenstände beschleunigt wurde.
Nach Verwendung als Steinbruch und einem durch Blitzschlag ausgelösten Brand setzte sich der schon begonnene Verfall rasch fort.
1861 kam die inzwischen zur Ruine gewordene Landskron an die Dietrichsteinschen Erben, von denen sie 1913 Ludwig Wittgenstein erwarb. Heute befindet sich die Anlage im Besitz der Familie Kunz.

Liebenfels

Nordwestlich über Pulst im Glantal stehen auf isoliertem Felshügel und weithin sichtbar die bedeutenden Reste der Zwillingsburg Liebenfels, wo alljährlich Burgfeste abgehalten werden. Beherrscht wird die weitläufige Anlage, die Baukörper vom späten 12. bis ins 16. Jahrhundert aufweist, im Osten und Westen von je einem mächtigen romanischen Bergfried, wobei der tieferliegende, viergeschossige Westturm, dessen Wehrplattform nicht mehr erhalten ist, ursprünglich nicht in den Bereich der Hochburg einbezogen war. Erst in der zweiten Hälfte des 15. Jahrhunderts erfolgte seine Eingliederung durch Errichtung von Zinnenmauern, die einen großen dreieckigen Hof umschließen und teilweise noch erhalten sind.

Die östliche Hochburg wird von einem sechsgeschossigen Bergfried überragt, der vormals nur über einen Hocheinstieg betretbar war und einen vorkragenden Wehrgang aus Holz trug. Hoch an der Südwand dieses Turmes ist eine aus trichterartigen Nischen in Dreiecksform gebildete Fenstergruppe eingelassen, wie sie ähnlich auch in Niederkraig, Alt-Mannsberg und Glanegg zu finden ist. Um diesen Bergfried gruppieren sich vornehmlich gegen Norden tieferliegende Wohn- und Wirtschaftsgebäude, deren gotische Bausubstanz im 15. und 16. Jahrhundert umgebaut und beträchtlich erweitert wurde. An der nördlichen Außenseite des Wohntraktes ist ebenfalls eine fünfteilige, dekorative Fenstergruppe erhalten, während verblaßte Wappenmalereien unterhalb eines Gußerkers die westliche Fassade zieren. Im Osten des einst dreigeschossigen, unterkellerten Palas befindet sich eine dem heiligen Nikolaus geweihte gotische Doppelkapelle, die urkundlich 1419 erwähnt wird.

Während ursprünglich der Zugang zur Burg im östlichen Bering angelegt war, führt der Burgweg heute durch ein spitzbogiges Tor in der südlichen Umfassungsmauer, in deren Südostecke ein niederer, quadratischer Wachturm integriert ist.

Als Liebenfels von ungarischen Truppen (s. u.) unter der Führung von Siegmund Schwusky besetzt war, wurden Zinnenmauern und südlich des Westturmes ein niederer Wehrbau errichtet, in dessen Schutzbereich das oben genannte neuere Burgtor liegt.

Ein geschickt getarnter, weil unter dem Niveau des Hofes der Hochburg angelegter Geheimausgang ermöglichte den Burgbewohnern bei Gefahr die Flucht aus der Burg. Im Angriffsfall konnte dieser rasch verrammelt oder verschüttet werden.

Die Feste Liebenfels wird trotz früherer Existenz erst 1312 urkundlich erwähnt und war als herzogliches Lehen bis 1428 im Besitz der Liebenberger, welche die Burg an die Schenken von Osterwitz verkauften, die damit von Herzog Friedrich belehnt wurden. Nach dem Niedergang dieses Geschlechtes wurde Liebenfels mehrfach verpfändet und nur schlecht verwaltet, so daß 1489 eine Besetzung durch ungarische Truppen, die im Zuge des Streites zwischen dem Erzbischof von Salzburg und dem Kaiser in Kärnten eingedrungen waren, ohne Kampfhandlungen möglich war. Die Ungarn richteten auf der Burg einen Stützpunkt ein, von dem aus sie das Land verunsicherten.

Jakob Unrest berichtet in seiner Österreichischen Chronik über diese Ereignisse folgendes: *Als man zalt nach Cristi gepurd 1489 jar an sannd Jorgenabent kamen die Vngerischen von Friesach nachtlich in das geschlos Libenfells, bey Sannd Veit in Kernndten gelegen. Das geschlos was die zeit von ainem ledigen Schenncken von Osterwitz genannt Hanns, das im der kayser von gnaden wegn gab und nicht ererbt hatt, versetzt ainem burger zu Sannd Veit, Gleismullner; der hat das in dem sargsamen krieg schlechtlich mit ainem schuester besetzt, das lannd und lewtten zu grossen schaden und verderben kam. Dohin wart zu ainem obristen gesetzt ainer, genannt Sigmund Schwuski. Die richten das geschlos wol zu; sie paweten zwo pastein ob dem geschloss auf die puhl und teckten die allten thurn und gantzen zwinnger und pawetten new stuben und guet Pehemisch zewn umb das geschlos. Darzu notten sy das arm volck mit grosser rabat und, wer seins leben, gut, haws und hof wollt sicher sein, der muest dohin holldigen mit allem dem, das sy in dem geschlos notturfftig warn.*

Nachdem die Ungarn schon 1490 Kärnten geräumt hatten, war Liebenfels im 16. Jahrhundert im Besitz der Adelsfamilien Perneck, Ungnad von Sonnegg, Lochner und Attems. 1596 kauften die Wildensteiner die Burg, danach hatte sie Christoph Andreas Kulmer von Rosenbichl als kaiserlicher Pfleger inne. Dieser stiftete für die Burgkapelle einen schönen Altar, der sich heute im Kärntner Landesmuseum befindet.

Ab 1664 folgten zunächst die Freiherrn von Seenuß als Inhaber von Liebenfels und ab 1696 bis heute die Familie Goess.

Mannsberg

Erreichbar über Landesstraßen, die entweder von St. Veit über Launsdorf–Pölling oder von Treibach-Althofen über Kappel am Krappfeld und Passering führen, liegen die wohlerhaltene Burg Mannsberg und die

Ruine einer kleinen Burganlage auf einem stark bewaldeten Ausläufer des Wappenberges in der Nähe der Wallfahrtskirche St. Florian.
Der die Burg beherrschende, viergeschossige Palas mit dem seine Einheit störenden, neuzeitlichen Balkonanbau an der Südseite entstammt im wesentlichen dem 14. und 15. Jahrhundert, während der westliche Teil der Burg mit Arkadengängen an der Hofseite 1549 angebaut wurde.
Die geschlossene Anlage kann nur durch einen östlich gelegenen, dreigeschossigen, quadratischen Torturm mit vorgelagerter Brücke betreten werden und ist von einer wehrhaften, hohen Ringmauer umgeben. Im Osten wurde 1627 eine Kaplanei errichtet und in den schützenden Mauerbereich einbezogen.
Die Burgkapelle zeigt Stukkaturen aus 1711. Die Räume im Inneren der Burg weisen verschiedene Stilelemente (16. bis 18. Jahrhundert) auf, wobei eine Balkendecke im dritten Geschoß mit den Wappen der Khevenhüller-Stubenberg, mehrere schöne Kamine sowie Stuckdecken hervorzuheben sind.
Nach Urkunden aus der Zeit zwischen 1065 und 1075 schenkte der Adelige Adalbero dem Bischof von Brixen sein Gut in *loco Magnesperc*. Die Burg kam 1301 in den Besitz der Kärntner Herzöge, welche sie als Lehen an die Herren von Schrankbaum vergaben. Diese trugen um 1334 mit Ulrich von Pfannberg und Dietmar von Mordax eine Fehde aus, in deren Verlauf die Burg belagert und zerstört wurde. Nach deren Instandsetzung blieben die Schrankbaum nur noch bis 1340 Lehensinhaber, dann folgte Hans Graf von Pfannberg.

Ab 1373 übernahmen die Montfort-Peggauer die Besitzungen, welche 1591 an die Khevenhüller übergingen. Als Sigmund Khevenhüller, vermählt mit Siguna-Elisabeth von Stubenberg, 1628 infolge seines protestantischen Glaubens Kärnten verlassen mußte, gelangte das Gurker Domkapitel in den Besitz von Mannsberg und behielt es bis 1874. Danach folgten als Inhaber die Familien Spitzer, Feltrinelli und Larghi bzw. Piontelli.
Westlich der oberen Hauptburg steht noch ein stark ruinöser, durch einen Halsgraben vom übrigen Gelände getrennter und von einem Bering umgebener Wohnturm, der als Rest einer kleineren unteren Burg anzusehen ist, die dem Hochmittelalter entstammte und schon gegen Ende des 16. Jahrhunderts dem Verfall überlassen wurde.
Zwei eigenwillig gestaltete, dekorative Fenstergruppen in Bogenform an den gegen Süd und West gerichteten Fronten dieses Bergfrieds, welche mit ähnlichen Einrichtungen an den Türmen der Burgen von Glanegg, Liebenfels und Niederkraig vergleichbar waren, sind leider in den letzten Jahren gänzlich zusammengebrochen.

Schloß Moosburg über stillen Wassern

Moosburg

Schloß Neu-Moosburg wurde in der ersten Hälfte des 16. Jahrhunderts auf einem am Westrand des gleichnamigen Dorfes aufragenden Hügel erbaut und kann als Nachfolgebau einer älteren Wasserburg betrachtet werden. Dabei handelte es sich um eine mehrteilige Befestigungsanlage, deren Ursprünge ins Frühmittelalter zurückreichen.
Sie dehnte sich im Nordwesten des heutigen Schlosses auf insgesamt vier Felshügeln aus, welche durch ihre Lage in wasserreichem Sumpfgebiet geschützt waren.
Relikte dieser alten Festungsbauten sind am Thurnerhügel, vornehmlich aber am Arnulfhügel vorhanden, wo bis heute Reste eines Turmes aus dem 10. oder 11. Jahrhundert erhalten blieben.
Die wahrscheinlich schon in der Zeit der Karolinger existierende Alt-Moosburg war später im Besitz des Bistums Freising und gelangte zu Beginn des 12. Jahrhunderts an die Grafen von Görz, welche sie bis gegen Ende des 15. Jahrhunderts innehatten.
1501 verpfändete Kaiser Maximilian I. die Wehranlage an die Grafen von Ernau, die sie 1514 durch Kauf erwarben. Bald danach begann jedoch der endgültige Verfall, denn in der Folge erbauten die Ernauer auf erhöhtem Platz über dem Ort, wo seit dem 13. Jahrhundert bereits ein turmartiges Vorwerk existierte, unter Einbeziehung dieses älteren Turmes das spätgotische Schloß Neu-Moosburg.
In einer ersten Phase wurde der wuchtige Westtrakt errichtet, welcher gegen Ende des 16. Jahrhunderts erweitert und wenige Jahre später in einem weiteren Bauabschnitt durch einen achsenverschobenen Osttrakt ergänzt wurde.
Im Westflügel finden sich bemerkenswerte Stuckdecken und eine im ersten Geschoß liegende, von vier achteckigen Pfeilern getragene und in drei Schiffe geteilte spätgotische Halle.

Anfang des 17. Jahrhunderts entstand auch der östliche Laubengang, welcher die Verbindung zwischen dem hochragenden, nördlichen Schloßbau und einem niedrigeren, im Süden gelegenen Gebäude herstellte, das vorwiegend in wirtschaftlicher Verwendung stand.
Das aus dem Jahre 1616 stammende Rustikaportal des Laubengangflügels weist noch das alte Tor mit Eisenbeschlag und Wappen (Schelle und Rübe) des Hektor von Ernau und dessen Frau Katharina Elisabeth, geb. von Keutschach, auf. Über dem Tor prangt ein marmornes Doppelwappen der Adelsfamilien Kronegg-Zinzendorff von 1688.
Die im Süden stehende kleine Schloßkapelle mit Zeltdach, Dachreiter und zwei Rundbogenfenstern zeigt Ausstattung des 17. und 18. Jahrhunderts.
Die gesamte Anlage wurde von einer Befestigungsmauer umgeben, die noch teilweise erhalten ist. Von drei in die Nordseite der Mauer integrierten Wachtürmen sind nur noch Reste und der nordöstliche Rundturm vorhanden.
Bis 1630 blieb der Moosburger Besitz in den Händen der Grafen von Ernau. Als Hektor von Ernau infolge seines protestantischen Glaubens wie viele andere emigrieren mußte, erwarb in der Folge die Familie Kronegg das Schloß.
Seit 1708 gehört der Adelssitz, welcher heute als Schloßpension in Verwendung steht, jedoch der Familie Goess.

Blick vom Südufer des Völkermarkter Stausees auf Schloß Neudenstein

Neudenstein

Das rechts der Schnellstraße von Klagenfurt nach Völkermarkt hoch über dem Nordufer des Edlinger Stausees auf einem Felskegel liegende Schloß Neudenstein geht in seinem Kern auf eine Burganlage zurück, die unter Konrad von Aufenstein nach 1329 erbaut wurde. Reste dieser älteren Burg sind noch im Süd- und Osttrakt des späteren Baues erhalten, der durch Um- und Zubauten im 16. Jahrhundert und in der zweiten Hälfte des 17. Jahrhunderts (nach 1673) den schloßartigen Charakter erhielt.
Um einen Innenhof gruppieren sich insgesamt vier Trakte, von denen einer fünfgeschossig, die übrigen viergeschossig aufgeführt sind. An drei Seiten des Hofes verlaufen sowohl im ersten als auch im zweiten Obergeschoß schöne Arkadengänge.
Über dem rundbogigen Portal der Südseite prangt das Wappen des Freiherrn Johann Karl Kemeter und seiner Frau, Freiin von Pranckh, mit Inschriftstein von 1675.
Ein in seinem Mauerwerk verfallender, nördlich gelegener Torturm wurde 1841 abgetragen. Im zweiten Geschoß des Osttraktes befindet sich die dem heiligen Andreas geweihte Schloßkapelle mit vorkragender Apsis, in der Reste gotischer Wandmalereien feststellbar sind. Im südlichen Trakt von Neudenstein sind Stuckdecken aus dem späten 17. Jahrhundert mit Putten und Gemälden von Antonio Biepo bemerkenswert.
Die Aufensteiner saßen bis zu ihrem Sturz (1368) auf Neudenstein. In der Folge wurde es als Lehen des österreichischen Herzogs an verschiedene Lehensträger vergeben, die häufig wechselten. Ab 1671 waren die Freiherrn von Kemeter und von Mandorf Besitzer des Schlosses.
Ab 1810 gelangte dieses an die Familie Buzzi, danach u. a. an Erwin und Anna Rotter, Hans Böbs und Richard Stürzenbecher, der seit 1967 Inhaber von Neudenstein ist, das ob seines düster wirkenden Mauerwerkes im Volksmund als *Schwarzes Schloß* bezeichnet wird.

Schloß Neudenstein (nach einer Bleistiftzeichnung von M. Pernhart)

Niederosterwitz

Auf urgeschichtlich bedeutsamem Boden und inmitten einer ausgedehnten Parkanlage liegt westlich der Burg Hochosterwitz Schloß Osterwitz, ein dreigeschossiger Bau über hakenförmigem Grundriß. Während der östliche Teil des

Hauses auf älterer Grundlage nach 1645 um- und ausgebaut wurde, entstand der Südflügel erst 1690 und erhielt als Ergänzung um 1800 einen westlichen Trakt angebaut.

Die einzelnen Stockwerke sind durch flache Gesimsbänder voneinander getrennt. Über viereckigen Fenstern im Erdgeschoß und ersten Stockwerk wurden im obersten Geschoß Ochsenaugenöffnungen eingelassen.

Auf der gegen einen prachtvollen Blumengarten und den imposanten Burgberg gerichteten Schloßterrasse steht ein sechseckiger Kapellenbau (aus 1670) mit steinerner Laubenvorhalle.

Das ursprünglich den Namen Afftdorf tragende Gut wurde 1541 von Christoph Khevenhüller von Aichelberg erworben und blieb zunächst nur bis 1645 im Besitz dieses Geschlechtes. Danach kaufte der Hochosterwitzer Burggraf Anton von Aicholt das Herrenhaus und ließ es baulich erweitern. Seine Söhne veräußerten es 1690 aber erneut an die Khevenhüller, die nach einem weiteren Ausbau fortan im Schatten ihrer Stammburg, in dem nunmehr Niederosterwitz genannten Schloß, residierten.

Derzeitige Bewohner sind Fürst Max Khevenhüller-Metsch und dessen Familie.

Khevenhüller-Chronik: Abbildung des Christoph Khevenhüller (1503–1557)

Ortenburg

Im Südwesten von Spittal/Drau liegt in der Schattseite des Drautales die Ruine der nach 1700 verfallenen, einst stattlichen Ortenburg auf vorspringendem Felsplateau, deren Mauerwerk auf romanische Zeit zurückgeht, vor allem jedoch in spätgotischer Zeit entstanden ist. Erreichbar ist die Burg von der Stadt über die Straße nach Baldramsdorf, wobei noch vor Erreichen dieses Ortes beim Schloß Unterhaus ein Weg linker Hand abzweigt und in mehreren Serpentinen zu der als Ausflugsziel beliebten *Marhube* führt, die im Bereich der ehemaligen Feste liegt. Während des Aufstiegs trifft man mehrfach auf Mauerreste, die von ehemaligen Vorwerken der eigentlichen Burg stammen, von denen aus der alte Handelsweg, der vom Lurnfeld gegen Spittal führte, überwacht und gesperrt werden konnte. Die ausgedehnte, von Nord nach Süd gerichtete Anlage der Ortenburg konnte nur von Süden her über eine Zugbrücke erreicht werden, von der noch Mauerpfeiler erhalten sind.

In den letzten Jahren, als man die Sicherung und teilweise Restaurierung der stark verfallenen Ruinen in Angriff nahm, wurde auf diesen Stützen eine stabile Holzbrücke errichtet, über die man zunächst in die gegenüber dem Niveau des Hauptkomplexes tieferliegende Vorburg gelangt.

In diesem von einer äußeren Ringmauer umgebenen Bereich sicherte ein massiver Wehrturm die äußere Toranlage, von der man zu einer zweiten Zugbrücke, die einen tiefen Halsgraben überspannte, und zu einem weiteren Burgtor gelangte.

Im so gesicherten Bereich der Hauptburg waren gegen Norden und Osten der Palas mit Zubauten und die Burgkapelle, gegen Süden ein Bergfried des 12. Jahrhunderts angelegt, dem in gotischer Zeit ein weiterer Turmbau vorgesetzt wurde. Damals entstanden auch die bereits erwähnte, vorgelagerte, südliche Befestigungsanlage und ein zur Sicherung der Hochburg gegen Norden gerichteter Turmbau.

Von der gotischen, im Kern jedoch romanischen Kapelle haben sich der polygonale Chorschluß und ein Spitzbogenfenster erhalten.

Die Burg, welche erstmals 1136 genannt wird, war Stammsitz der Ortenburger Grafen, einer mächtigen Adelsfamilie, die in vielen Bereichen großen Einfluß ausübte. Nach dem Aussterben dieses Geschlechtes gelangten die Besitzrechte 1418 zunächst an die Grafen von Cilli und nach dem Frieden von Pusarnitz an den Kaiser. 1524 fiel die Herrschaft Ortenburg an Gabriel von Salamanca, in dessen Familie sie bis 1639 verblieb. Es folgten die Gebrüder Widmann und 1662 Fürst Johann Ferdinand Porcia, in dessen Nachkommenschaft sie sich bis 1917 befand. Heute ist die Ortenburg im Besitz der Familie Edlinger.

Ortenburg bei Spittal/Drau – Reste der ehemaligen Burgkapelle

Painhof

Die nördlich von Bad St. Leonhard im Lavanttal auf ebener Fläche des Lichtengrabens stehende Ruine des Painhofes war ursprünglich durch breite Wassergräben geschützt, deren Verlauf heute zwar noch teilweise erkennbar ist, die jedoch weitgehend versumpft oder von Gestrüpp überwuchert sind. Unter Einbeziehung von Bauteilen der älteren, schon im Verfall begriffenen Painburg ließ der steirische Adelige Georg von Pain um 1420 die Wasserburg Painhof errichten. In einer ersten Bauphase wurden an einen älteren, dreigeschossigen Wohntrakt im Nordosten gegen Süden zu eine Kapelle, ein Saalbau und ein mehrgeschossiger Rundturm mit Hocheinstieg angebaut. Der zweite Bauabschnitt fällt in die Jahre vor und nach 1500, als die Burg durch einen großzügigen Wohnbau im Westen erweitert wurde. Zum Schutz der gesamten Anlage errichtete man einen mittels Vortor und Zugbrücke gesicherten Torturm, der zwei Eingänge besaß, die zusätzlich durch Pechnasen bewehrt waren. Die Mauern der Wohntrakte erhielten eine bunte Fassadierung, die heute nur noch in Rudimenten erkennbar ist.

In den ersten Jahrzehnten des 16. Jahrhunderts entstanden weitere Befestigungen, wie Wehrmauern und vorgelagerte Bastionen, die durch einen neu angelegten, äußeren Wassergraben besonders geschützt wurden.

Wenige Jahre später (um 1544) wurde jedoch südlich der Hauptburg mit dem Bau eines Schlosses begonnen, das den Namen Lichtengraben erhielt und den Herren von Pain als neuer, zeitgemäßerer Wohnsitz dienen sollte. Dadurch verlor die alte Wasserburg Painhof rasch an Bedeutung, und ihr Verfall setzte ein, der durch die Lage im wasserumflossenen Gebiet beschleunigt wurde, so daß heute nur noch wenige, sehr einsturzgefährdete oder schon geborstene Teile der einst stattlichen Burg vorhanden sind.

Bis 1617 blieben Burg und Schloß im Lichtengraben im Besitz der Familie Pain, die einst durch Gewinne aus eigenen Bergbaubetrieben rasch zu großem Wohlstand aufgestiegen war.

Als ihre wirtschaftliche Bedeutung durch den Niedergang des Bergbaues und finanzielle Fehlspekulationen verlorenging, mußte sie die Herrschaft an den Kärntner Münzmeister Melchior Putz von Kirchheimegg übergeben.

Später folgten als Inhaber u. a. die Familie Siegersdorf, die Freiherrn von Teuffenbach (1711–1841), die Alpine-Montan-Gesellschaft sowie in jüngster Zeit die Familien Bitzy und Rittler.

Ruine der einstigen Wasserburg Painhof; erkennbar sind noch Rudimente der ursprünglichen Fassadenmalerei

Friesach – Petersberg mit gleichnamigem Kirchlein und Bergfried

Petersberg

Über der im Mittelalter bedeutenden erzbischöflichen Residenzstadt Friesach, die noch heute wertvolle Baudenkmäler als Zeugen historischer Vergangenheit aufzuweisen hat, und in unmittelbarer Nachbarschaft zur Kirche auf dem Petersberg, einer spätkarolingischen Anlage mit Umbauten in Gotik und Barock, erstreckt sich ein ausgedehnter Ruinenkomplex, dessen Teile verschiedenen Bauperioden angehören. Neben Fragmenten von Turmbauten aus dem 11. Jahrhundert bestehen noch ein mächtiger, sechsgeschossiger Bergfried mit ehemaliger Burgkapelle, erbaut zu Wohn- und Wehrzwecken (1124–1130), Reste von Schalentürmen und eines spätgotischen, zweiflügeligen Palas aus der Zeit um 1500 sowie das Gebäude der einstigen Burghauptmannschaft aus der zweiten Hälfte des 16. Jahrhunderts mit dreigeschossiger Säulenarkadenfront. Daran schließen sich im Nordwesten Ruinen einer 1293 erstmals als Sitz der Lavanttaler Bischöfe erwähnten Burg, die aus einer dreigeteilten Anlage mit Kapelle und zwei Höfen bestand und nach einem Brand 1673 dem Verfall preisgegeben wurde.

Als Erbauer der ersten Burg auf dem Petersberg (vor 1077) wird Erzbischof Gebhard von Salzburg genannt, doch schon in der ersten Hälfte des 12. Jahrhunderts erfuhr die zum Schutze Friesachs und als Verwaltungssitz errichtete Anlage unter Erzbischof Konrad I. bedeutende Erweiterungen. Durch diesen prunkvollen Ausbau diente sie in der Zeit des Mittelalters wiederholt den Salzburger Erzbischöfen als Residenz. In dieser Zeit wurde auch der am Fuße des Burgberges gelegene Ort durch Wehrbauten, wie Tor- und Wachtürme, sowie einen Mauerring samt Wassergraben geschützt und mit der Burgbefestigung verbunden.

In der Auseinandersetzung zwischen Kaiser- und Papsttum um die Einsetzung der Bischöfe (Investiturstreit) kam es auch zwischen dem Erzbistum Salzburg und dem Herzog von Kärnten, der auf Seite des Kaisers stand, zu Kampfhandlungen, die Salzburg für sich entschied, wodurch die Machtposition der Erzbischöfe gegenüber den Spanheimern gefestigt werden konnte. In der Folge wurden in Friesach bedeutende geistliche Institutionen angesiedelt.

Nach einem Großbrand (1215), welcher Stadt und Burg schwer beschädigte, kam es unter Erzbischof Eberhard II. zur großangelegten Renovierung der Feste auf dem Petersberg. Im Frühjahr 1224 fand dann nach einem Bericht des Minnesängers Ulrich von Lichtenstein in Friesach ein historisch bedeutsames Fürstentreffen statt. Grund dafür lieferten anhaltende Auseinandersetzungen zwischen dem Kärntner Herzog Bernhard von Spanheim und dem Markgrafen Heinrich von Istrien um Besitztümer in Krain. Als Heinrich den Kärntner Herzog mit Waffengewalt angreifen wollte, trat der babenbergische Herzog Leopold VI. als Vermittler zwischen seinem Vetter Bernhard und dem Markgrafen in Erscheinung, indem er die beiden Gegner zu einem Fürstentag einlud, der am 1. Mai 1224 zu Friesach stattfinden sollte.

Es kam auch tatsächlich zu einer glanzvollen Fürstenversammlung, denn außer Herzog Leopold VI. und den beiden Widersachern waren auch die Erzbischöfe von Salzburg und Bamberg, der Patriarch von Aquileja, mehrere Bischöfe und Grafen anwesend.

Damals soll auch das legendäre Friesacher Turnier in Szene gegangen sein, sofern man den Schilderungen des Minnesängers glauben darf, der das Gedicht *Aventiure von dem Turnay ze Frisach* verfaßt hat. Fundierte historische Quellen, welche den Bericht Ulrichs von Lichtenstein bestätigen könnten, haben sich jedoch bisher nicht gefunden.

Die Friedensverhandlungen verzögerten sich zunächst erheblich, weil die Ministerialen Leopolds VI., die Brüder Ulrich und Dietmar von Lichtenstein, das Zusammentreffen einer so illustren Gesellschaft nicht vorübergehen lassen wollten, ohne daß Reiterkampfspiele, auch *Buhurt* genannt, abgehalten worden wären. In glänzenden Rüstungen begegneten sich Tag für Tag die Ritter in zahlreichen Waffengängen, und besonders der Lichtensteiner Ulrich war unermüdlich. Eines Morgens zog er sich unbemerkt auf einen nahe Friesach liegenden Berg zurück, wo schon einige Knechte in grünem Waffenkleid seiner harrten. Nun zog auch er den Wappenrock an, nahm Schild, Helm und eine grüne Lanze und ritt sodann mit den Knappen lärmend zum Turnierfeld. Mit geschlossenem Visier forderte er die Ritter zum Kampfe heraus, und selbst sein Bruder Dietmar erkannte ihn nicht. Als er schließlich sein Streitroß nach längerer Zeit aus dem Felde lenkte, fragten alle voll Neugier, wer wohl der *grüne Ritter* gewesen sei. Als Ulrich später wieder im gewöhnlichen Waffenkleid zurückkehrte, ahnte in ihm niemand den geheimnisvollen Unbekannten.

So sehr sich die Ritter dieser Kampfspiele erfreuten, so wenig behagten diese den hohen weltlichen und geistlichen Herren, da zehn Tage ungenützt verstrichen. Erst Herzog Bernhard von Spanheim machte den Vorschlag, die Kampfspiele durch ein allgemeines Turnier zu beenden, welches dann am 6. Mai 1224 stattfand.

Am Morgen dieses Tages wurde zunächst ein Gottesdienst abgehalten, dann teilten sich die Teilnehmer am Turnier – wohl an die 600 Mann – in zwei Rotten. Der Markgraf von Istrien führte gemeinsam mit Herzog Bernhard von Kärnten die eine Rotte, denn man hatte vorsorglich die beiden Gegner einer Partei zugeteilt. An der Spitze der zweiten Abteilung stand Herzog Leopold von Österreich.

Den ganzen Tag dauerte das Lanzenbrechen, doch blieb es ohne ernstliche Zwischenfälle. Viele Ritter zeichneten sich besonders aus, andere aber wurden gefangengenommen und mußten für ihre Freilassung *Lösegeld* bezahlen. Endlich kam es dann am 8. Mai zum eigentlichen Fürstentag, auf welchem unter der tatkräftigen Vermittlung Leopolds VI. die Aussöhnung Herzog Bernhards mit Markgraf Heinrich zustande kam, die allerdings nicht von Dauer war.

Kampfspiele und Turniere ähnlicher Art fanden auf dem Felde vor der befestigten Stadt Friesach immer wieder statt, so auch im Jahre 1227, als Ulrich von Lichtenstein, als Frau Venus verkleidet, mit namhaften Rittern tjostierte.

In der Zeit, als es zum Kampf zwischen dem Habsburger Rudolf und König Ottokar von Böhmen kam, unterstützte der Salzburger Erzbischof Friedrich II. den Habsburger, worauf die Stadt Friesach 1275 von böhmischen Truppen belagert, schließlich eingenommen, gebrandschatzt und teilweise zerstört wurde.

Doch die Beziehungen zwischen dem Erzbistum Salzburg und den Habsburgern blieben nicht lange ungetrübt, ein Umstand, der bereits 1289 und 1292 im

Zuge von Kampfhandlungen zu neuerlichen Zerstörungen in Friesach führte. Allein die Feste Petersberg, die vom salzburgischen Vicedom Rudolf von Fohnsdorf verteidigt wurde, konnte sich gegen die Truppen des österreichischen Herzogs Albrecht behaupten.
Aber auch in späteren Jahrhunderten litt die Stadt unter wiederholten feindlichen Bedrohungen und Angriffen. Als die Türken im letzten Drittel des 15. Jahrhunderts mehrfach Kärnten verunsicherten, ließ Kaiser Friedrich III. 1470 einen Landtag nach Friesach einberufen, um über Strategien zur Türkenabwehr zu beraten. 1480 zogen dann türkische Heerhaufen durch Raub und Brandschatzung auch die Gegend um Friesach in Mitleidenschaft, die Stadt selbst und die Feste auf dem Petersberg wurden jedoch nicht angegriffen.
Kaum waren die Osmanen abgezogen, haben kämpferische Ungarn von 1480 bis 1490 das Land Kärnten heimgesucht, als Erzbischof Bernhard von Rohr im Streit mit Kaiser Friedrich III. um den salzburgischen Thron die Salzburger Besitzungen in Kärnten dem ungarischen König Matthias Corvinus überließ, der zusagte, das Erzbistum gegen alle Angreifer zu verteidigen. Aus diesem Grund wurde Friesach von den Truppen des ungarischen Hauptmanns Haugwitz besetzt. Dieser Zustand dauerte bis 1490. Erst in diesem Jahr wurden die Friesacher Burgen wieder an den Salzburger Erzbischof zurückerstattet.
Hierauf erfuhren die Befestigungsanlagen unter Erzbischof Leonhard (1495–1519) notwendige Instandsetzungen und Erweiterungen. Als letzter Bau wurde schließlich 1560 die Burghauptmannschaft errichtet.

Gegen Ende des 18. Jahrhunderts begann dann der Verfall der einst mächtigen Feste auf dem Petersberg. 1795 nahmen französische Truppen die Burganlagen ein und verwüsteten sie. Nachdem 1804 ein verheerender Brand in Friesach gewütet und viele Häuser zerstört hatte, begann man unter Verwendung von Steinmaterial des Petersberges und der im Verfall begriffenen Burg die Wohnstätten zu erneuern, was den weiteren Niedergang der einst prunkvollen Feste beschleunigte.
Die Herrschaft des Salzburger Erzbistums über Friesach fand schließlich 1806 ein Ende, Burg und Stadt gelangten unter Verwaltung der Habsburger.
Im Laufe des 19. Jahrhunderts schritt der Verfall der Gemäuer weiter fort, bis sich zunächst 1893 ein Verschönerungsverein des desolaten Bauzustandes annahm. In der Folge setzten jedoch Sanierungsmaßnahmen der staatlichen Denkmalpflege ein (Restaurierung 1927 bis 1932), die bis in unsere Tage fortgesetzt werden.
Der Petersberg und seine noch vorhandenen Anlagen werden heute von der Stadt Friesach betreut. Im Oberhof der Burg fanden seit 1950 alljährlich in der Sommerzeit die weit über die Grenzen Kärntens hinaus bekannten Burghofspiele statt, bis diese vom Burghof in das Dominikanerkloster verlegt wurden.
Auf einem Felsrücken zwischen Peters- und Virgilienberg ragen noch Reste der ehemaligen Burg Rotturm empor, während im Norden Friesachs die Burg Geiersberg, die 1912 restauriert und erweitert wurde, die Blicke auf sich zieht.

Burg Geiersberg im Norden von Friesach

Schloß Piberstein in Himmelberg, im Vordergrund der von Martin Pacobello gestaltete Wappen-Grenzstein

Piberstein

Am Rand des nordwestlich von Feldkirchen gelegenen Dorfes Himmelberg liegt neben der Straße Schloß Piberstein, welches durch Zu- und Umbauten im 16. und 17. Jahrhundert seinen ursprünglich burghaften Charakter weitgehend verloren hat. Erbauer war Marchwart der Pybriacher, der nach 1382 in Himmelberg als Richter des dortigen Landgerichtes fungierte und 1396 vom österreichischen Herzog Wilhelm den Sitz Himmelberg zu Lehen erhielt.
Nach dem Tode des letzten Pibriachers übernahm 1570 Georg Khevenhüller von Aichelberg im Tauschwege von Erzherzog Karl Schloß und Amt Himmelberg.
Als Hans Khevenhüller 1629 Kärnten infolge seines evangelischen Glaubens verlassen mußte, kam die Herrschaft an den Freiherrn Veit von Künigl. Schon 1640 fielen aber die Besitzungen an den Fiskus und wurden 1662 von Kaiser Leopold I. an das adelige Geschlecht der Lodron verkauft. Derzeitiger Schloßherr ist Graf Nikolaus von Lodron-Laterano, der für einen gepflegten Erhaltungszustand Sorge trägt.
Der um einen rechteckigen Arkadenhof mit teilweiser Überdachung angeordnete, dreigeschossige Schloßbau steht durch einen über die Hofeinfahrt führenden, hochliegenden Gang mit der Schloßkapelle und Zubauten in Verbindung, welche straßenseitig angeordnet sind. Um 1735 wurden Räume des Obergeschosses mit Deckenstukkaturen versehen, während sich im Erdgeschoß Gewölbe mit Stuckgraten aus dem 16. Jahrhundert befinden. Der Stiegenaufgang besitzt ein schönes Gitter, gefertigt aus Schmiedeeisenstäben des 18. Jahrhunderts.
Im westlichen Teil des Schloßparkes hat der in seiner Gestaltung dem Martin Pacobello zugeschriebene alte Wappen-Grenzstein aus dem Jahre 1612 seinen Ehrenplatz, der vormals die Herrschaftsgrenzen zwischen Himmelberg, Ossiach und Prägrad markierte und von Graf Lodron nach Piberstein gebracht wurde, um ihn vor dem Zerfall zu retten. Zwei weitere ehemalige Grenzsteine finden sich seitlich einer kleinen Eingangspforte im Süden.
Eine letzte Renovierung des gesamten Schloßkomplexes erfolgte um 1970.

Grabstein für Balthasar von Pibriach an der Pfarrkirche St. Martin in Himmelberg

Pöckstein

Links der von St. Veit nach Friesach führenden Bundesstraße liegt in Zwischenwässern das stattliche Schloß Pöckstein an der Mündung der Metnitz in die Gurk. Es war dies schon im Mittelalter eine strategisch wichtige Stelle, zu deren Überwachung im 12. Jahrhundert auf einem Felskegel in der Nähe des heutigen Schlosses die Burg Alt-Pöckstein errichtet wurde, die jedoch gänzlich verfallen ist. Dieser Standort in unmittelbarer Nachbarschaft zu den beiden Wasserläufen ermöglichte es auch, daß dort im 16. Jahrhundert ein zur Verarbeitung von Eisenerz eingerichtetes Hammerwerk mit anliegendem, einfachem Herrenhaus entstehen konnte, das der Familie Gschwind gehörte und den seiner Lage entsprechenden Namen *Zwischenwässern* führte.

1616 erwarb das Bistum Gurk den Besitz und führte den bestehenden Betrieb noch bis in die siebziger Jahre des 18. Jahrhunderts fort.

Erst als der Gurker Bischof Josef II. Graf von Auersberg den Sitz des Gurker Bistums von Straßburg nach Zwischenwässern verlegen wollte, nachdem das Straßburger Schloß 1767 durch ein heftiges Erdbeben schwer beschädigt worden war, wurde das alte Herrenhaus samt Hammerwerk abgebrochen, um einer Bischofsresidenz Platz zu machen.

1776/80 entstand unter der Bauherrschaft des Salzburger Meisters Johann Georg Hagenauer ein viergeschossiger Kastenbau in frühklassizistischem Stil mit Mansardenwalmdach und darüberliegendem, eingeschossigem Aufbau, der einen laternenartigen Uhrturm mit Zwiebelhelm trägt.

Die Fassaden des Schlosses werden durch Lisenen gegliedert, an die Südfront schließen in Höhe des Sockelgeschosses beidseitig mit Vasen verzierte Mauerflügel. Ost- und Südportal zeigen Pilasterrahmung mit Rosetten- und Triglyphenverzierung, das Nordportal ist einfacher gestaltet.

Das Innere des Schlosses ist durch gediegene Ausstattung gekennzeichnet. Für die Plastiken war der Bruder des Baumeisters, Johann Baptist Hagenauer, verantwortlich. Besonders bemerkenswert sind das mit schönen Malereien versehene Stiegenhaus, die im Stil des späten Rokoko und des Empire gestalteten Prunkräume, wie Empfangs- und Speisesaal, sowie die Schloßkapelle mit Sakristei und Oratorium.

Die Stukkaturen vollführte Martin Karl Keller, die Malereien entstammen der Hand Franz Wagners.

Schloß Pöckstein gehört auch heute noch der Diözese Gurk und ist Sitz der bischöflichen Forstverwaltung.

Rabenstein

Die südlich von St. Paul im Lavanttal auf einem nach drei Seiten abfallenden, heute nur noch von Schlangen bewohnten Felskegel liegende, terrassenförmig angelegte Burg ist bereits arg verfallen. Nur die Reste eines an höchster Stelle des Geländes errichteten, einst dreigeschossigen, quadratischen Bergfrieds ragen noch weithin sichtbar gegen den Himmel. Dieser starkwandige, hart am südlichen Steilabfall stehende Teil der Burg entstammt dem 11. Jahrhundert und hatte vor seinem Verfall beträchtliche Ausmaße. Geländebedingt entstanden in unmittelbarer Nachbarschaft zum Bergfried keine weiteren Gebäude, so daß die sogenannte obere Burg nur Schutzfunktion hatte, während die Wohnbauten tieferliegend im nordöstlichen und östlichen Bereich des Burghügels angelegt wurden.
Auf dieser, durch Verteidigungsanlagen und Torbauten geschützten, unteren Terrasse befanden sich neben Wirtschaftsgebäuden eine zweigeschossige Kapelle (urk. 1240) und der Palas, welcher 1567 unter Seyfried von Dietrichstein durch einen geräumigen, schloßartigen Gebäudekomplex im Renaissancestil ergänzt worden ist.
Im 16. Jahrhundert wurde versucht, die Anlage weiter festungsmäßig auszubauen, wie Reste einer halbkreisförmigen Bastion an der Angriffsseite im Norden vermuten lassen.
Der Verfall der Burg wurde leider dadurch beschleunigt, daß beträchtliche Teile des Mauerwerkes künstlich abgetragen wurden, um das Material beim Bau des am Fuße des Burgberges gelegenen bäuerlichen Anwesens, dem sogenannten *Schloßbauer*, zu verwenden.

Dieses von Unverständnis für den Wert historischer Bauwerke bestimmte Vorgehen muß umso mehr bedauert werden, als bei der Errichtung von Rabenstein eine beim Burgenbau in Kärnten seltene Mauertechnik Verwendung fand. Dabei wurde der frei bleibende Raum zwischen einer äußeren und inneren Steinmauer durch Einbringen eines mit Wasser vermengten Gemisches aus ungelöschtem Kalk, Sand und gebrochenem Steinschutt gefüllt. Dadurch konnte die Festigkeit der verschieden starken Mauern beträchtlich erhöht werden.
Durch den zeitbedingten Verfall und die teilweise Abtragung der Gemäuer tritt diese Zwischenfüllung der Mauern heute an manchen Stellen deutlich zutage.
1091 übernahm das landesfürstliche Rabenstein – damals nicht mehr als ein befestigtes Vorwerk der Burg Lavant – Schutzfunktion für das neugegründete Kloster St. Paul und wurde in der Folge mit beträchtlichem Aufwand verteidigungsmäßig ausgebaut.

Das Geschlecht derer von *Ramenstain* starb um 1200 aus, danach kam die Burg an die Pfannbergischen Ministerialen und an die Fohnsdorfer. Beide gerieten mit dem Kloster wegen wirtschaftlicher Belange in einen dauernden Konflikt, der manchmal auch zu tätlichen Auseinandersetzungen führte.

Als es 1307 zwischen dem Kärntner Herzog und dem Kaiser zu einem Streit in böhmischen Erbangelegenheiten kam, besetzten kaiserliche Truppen Eigen- und Lehensgüter des Herzogs, wobei auch die Widerstand leistende Feste Rabenstein eingenommen und zerstört wurde.

Durch Türken- und Ungarneinfälle blieb die wiederaufgebaute Rabenstein trotz unmittelbarer Nähe der Kampfhandlungen jedoch unbehelligt.

Von 1514 bis 1628 waren die Herren von Dietrichstein Besitzer der Burg, bis schließlich 1629 Abt Hieronymus Marchstaller die unter den Dietrichsteinern erweiterte Anlage für das Kloster St. Paul erwerben konnte, um auf diese Weise das Problem der ständigen Auseinandersetzungen zwischen Adel und Klerus um Rabenstein aus der Welt zu schaffen.

Doch schon 1636 wütete auf der Burg ein verheerender Brand, der zu einem raschen Verfall der einst mächtigen Feste führte, die nach Aufhebung des Klosters St. Paul (1782) zunächst dem k. k. Religionsfonds unterstellt wurde und sich seit dem 19. Jahrhundert in bäuerlichem Besitz befindet.

Epitaph für Seyfried von Dietrichstein auf Rabenstein (gest. 1583) im Erdgeschoßgang des St. Pauler Stiftsgebäudes

Rastenfeld

Die hohen Mauern des Rastenfelder Schlosses fallen durch ihre weiße Tünche sogleich ins Auge, wenn man der Meiseldinger Landesstraße folgt, die direkt am Fuße des von Hochwald bewachsenen Schloßberges entlangführt. Ein rasch ansteigender Fahrweg läßt alsbald eine plateauartige Fläche erreichen, an deren Westrand der stattliche Bau liegt, dessen Ursprung im 13. Jahrhundert anzusetzen ist.

Nach Umbauten gegen Ende des 15. und zu Anfang des 16. Jahrhunderts entstand der viergeschossige, unregelmäßig angelegte, achteckige Baukörper mit vorspringendem Turm an der Südwestecke, in dessen Nachbarschaft sich das Haupttor des Schlosses mit tonnengewölbter Halle öffnet und in einen mit zwei spätgotischen Portalen ausgestatteten, engen Innenhof führt. Einige Türen und Fenster weisen noch gotische Profilierung auf, die Erdgeschoßräume und Gänge sind eingewölbt.

Das burgartige Schloß, von dessen wehrhaften Einrichtungen die seltene Art einer drehbaren Schießscharte besonders erwähnenswert ist, war im Osten, wo der Weg heranführt, durch zusätzliche Tor- und Verteidigungsanlagen geschützt, von denen nur mehr geringe Reste vorhanden sind. Ein in diesem Bereich stehender und ursprünglich als Wehrturm dienender Bau wurde 1773 als Kapelle adaptiert und dem heiligen Johannes Nepomuk geweiht.

Vom Geschlecht Raspo erbaut, war Rastenfeld von 1469 bis 1530 im Besitz des Bistums Gurk und gelangte danach an die Adelsfamilie von Feistritz. Später sind als Inhaber u. a. eine Gräfin von Herberstein, die Freiherrn von Schluga, die Familien Oliva sowie Bearzi zu nennen. Um 1880 gehörte das Schloß der Wiener Operettensängerin Maria Geistinger, welche es an Freiherrn Dr. Karl von Auer-Welsbach verkaufte, dessen Nachkommen die Rastenfelder Besitzungen bis heute innehaben.

Blick vom Wörnhof bei Treffling auf Schloß Rastenfeld mit anliegenden Wirtschaftsgebäuden

Schloß Rothenthurn mit nördlich vorgelagertem Weiher

Rothenthurn

Südöstlich von Spittal/Drau und unweit von Molzbichl liegt auf dem nach Süden ins Drautal abfallenden Hang des Insberges der unregelmäßige, langgestreckte und schmucklose Schloßbau, der, auf ältere Grundlagen zurückgehend, im 16. und 17. Jahrhundert schrittweise erneuert, erweitert und später mehrmals renoviert wurde, wodurch althergebrachte Bauelemente fast zur Gänze abgekommen sind.

Der älteste Teil ist der von einem Dachreiter bekrönte mittlere Trakt, welcher die seitlichen Zubauten an Höhe überragt. Dabei handelt es sich im Kern um den sogenannten *Roten Turm*, der im 11. Jahrhundert entstand und ein mit rötlichem Felsgestein erbautes Vorwerk für die nahegelegene alte Maximiliansburg, von der kaum noch Reste erhalten sind, war. Nach deren Aufgabe wurde der Turm gegen Ende des 15. Jahrhunderts umgebaut und später gegen Westen und Osten durch seitliche Anbauten erweitert.

Über einem Renaissanceportal im Westflügel ist bruchstückhaft das Wappen der Khevenhüller erhalten, während der Mitteltrakt 1882 ein historisierendes Eingangsportal erhielt. Im Ostteil des Schlosses befindet sich eine der heiligen Barbara geweihte Kapelle, die laut Inschrift 1644 durch Ehrenholdt Eschey erneuert wurde. Dabei handelt es sich um einen dreijochigen Raum mit Kreuzgewölbe, die Ausstattung (Fresken, Altar) entstammt im wesentlichen dem 18. Jahrhundert. Nördlich des Schlosses und des ihm vorgelagerten Teiches steht unter hohen Bäumen das schöne Grabdenkmal für Graf Konstantin Normann-Ehrenfels.

Urkundlich ist 1478 als erster Besitzer von Rothenthurn Hans Kreutzer nachweisbar, dem die Familien Meixner und Manstorf als Inhaber folgten. Durch Heirat gelangte das Schloß in der Folge kurzfristig an das Haus Khevenhüller.

Nach 1570 erwarb Franz-Balthasar von Eschey die Besitzungen, welche bis 1662 in seiner Nachkommenschaft verblieben. Nach weiterem, häufigem Besitzerwechsel ging Rothenthurn 1882 im Kaufwege an die Familie der Grafen von Normann-Ehrenfels über. Derzeitiger Inhaber ist die Familie Pereira-Arnstein (seit 1984).

Seltenheim

Im Nordwesten Klagenfurts und südlich von Wölfnitz liegt auf einem Hügel Schloß Seltenheim (mhd. saelde = Glück), dessen weißgetünchte Mauern weithin über die Ebene der Seltenheimer Senke leuchten. Das auf den Resten einer alten Burganlage errichtete Schloß blickt auf eine lange und bewegte Geschichte zurück.

Schon zwischen 1193 und 1197 wird ein Miles Algerus de Saldenheim urkundlich erwähnt. Es folgten als Besitzer zunächst die Herren von Seldenhofen, dann von Pettau und schließlich von Liechtenstein-Murau (ab 1348).
Über Ausmaße und Beschaffenheit der mittelalterlichen Burg Seltenheim gibt es keine fundierten Berichte, ja selbst ihre genaue Lage ist nicht gesichert. Dennoch läßt eine von Markus Pernhart angefertigte Bleistiftzeichnung aus dem 19. Jahrhundert aufgrund des dort abgebildeten Baubestandes die Annahme zu, daß die Burg tatsächlich als Vorgängerin des heutigen Schloßbaues anzusehen ist und sich auch auf demselben Hügel erstreckte (nicht auf dem sich in der Nähe des Schlosses erhebenden Seltenheimer Berg, wo eine Wallanlage aus frühester Zeit besteht).
Der Chronist Jakob Unrest berichtet, daß das von ungarischen Truppen des Matthias Corvinus besetzte Seltenheim im Jahre 1487 von Heerhaufen Kaiser Friedrichs III. belagert, eingenommen und zerstört wurde, nachdem Nikolaus von Liechtenstein-Murau einen eigenständigen Vertrag mit den Ungarn auszuhandeln suchte und sich so gegen den Kaiser gestellt hatte.
Die zerstörte Burg wurde jedoch wieder aufgebaut, gelangte vorübergehend in den Besitz der Ungnad und nach dem Tod Ottos VIII., dem Letzten aus dem Hause Liechtenstein-Murau, an das Geschlecht derer von Windischgrätz.
1668/70 ließ Johann Friedrich von Windischgrätz im Südtrakt des Schlosses die alte gotische Doppelkapelle im Sinne des Barockstils umgestalten und stiftete einen Altar, der das Doppelwappen Windischgrätz-Strasser von Neudegg trägt. Nach den Windischgrätz folgten auf Seltenheim verschiedene Besitzer. Als 1845 Georg Kometter zu Trübein als Eigentümer in Erscheinung tritt, war das Gemäuer durch Jahrzehnte des Verfalls schon so schwer in Mitleidenschaft gezogen, daß der Freiherr in den folgenden Jahren ein Schloß unter Verwendung des alten Baubestandes in der uns bekannten Gestalt errichten ließ.
Der einfache, zweistöckige Bau umschließt einen Innenhof mit Pfeilerarkaden, die Westfront wird durch einen dreigeschossigen Turmanbau ergänzt, und an der Südwestecke springt ein Erker auf Kragsteinkonsolen vor.
Um die Jahrhundertwende gingen Schloß und Gut Seltenheim an die Freifrau von Gudenus, geb. Gräfin von Wagensperg über, danach an Karl Hansemann-Wagensperg.
1972 erfolgte eine weitgehende Restaurierung des Schlosses, welches heute als Pension im Dienste des Fremdenverkehrs steht.

Sommereck

Nordwestlich des Millstätter Sees liegt im Seebodener Gebiet südlich von Treffling auf einem felsigen Hügel die in jüngster Zeit einer nachhaltigen Restaurierung unterworfene Ruine der Burg Sommereck (auch Sommeregg), welche heute eine Gaststätte beherbergt. Sowohl der vorgelagerte Rundturm im Süden der Anlage, welcher in seinen Grundelementen noch auf romanische Zeit zurückgeht, wurde im 16. Jahrhundert umgebaut als auch der kleine Hauptbau schloßartig erweitert.

Der ältere, längsgerichtete Mitteltrakt wurde durch einen turmartigen Vorbau an der Südfront und durch seitlich angrenzende, vorspringende Gebäudeflügel ergänzt. Aus dieser Zeit stammen verschiedene Bauelemente, wie ein Erker, Spitzbogen, Gewölbe, gotische Profilierungen von Tür- und Fenstergewänden sowie Korb- und Rundbogenfenster.

Durch Errichtung einer Verbindungsmauer zwischen den beiden Seitentrakten entstand ein kleiner Innenhof.

Der Bering, der einstmals die gesamte Anlage wehrhaft umgab, ist zum Großteil nicht mehr erhalten.

Das ortenburgische Sommereck findet erstmals 1237 urkundliche Erwähnung, als Ortolf von Sommereck damit belehnt wurde.

Nach dem Aussterben der Ortenburger gelangte die Burg nach 1418 an die Grafen von Cilli. In der Folge begegnet uns als Lehensträger ein Andreas von Graben, der die Besitzungen, welche durch den Frieden von Pusarnitz kaiserlich wurden, bis 1464 innehatte. Es folgte sein Sohn Virgil von Graben, in dessen Zeit die Burg jedoch von den Ungarn belagert und eingenommen wurde.

Nach Instandsetzung und Erweiterung der Anlage verblieb Sommereck noch weiterhin in der Familie Graben, bis durch Heirat die Freiherrn von Rain in den Besitz der Herrschaft gelangten, welche sie 1550 an Christoph Khevenhüller von Aichelberg verkauften.

1628 erwarb der Handelsherr Hans Widmann von Paul Khevenhüller, der wegen seiner protestantischen Gesinnung emigrierte, die Besitzrechte.

Schließlich fiel Sommereck über einen langen Zeitraum hinweg an die Grafen von Lodron (1651–1933), danach an die Familien Irsa und zuletzt Egger.

Auf steilem Felskegel liegt Schloß Stein im Drautal
(Westansicht)

Stein im Drautal

Ein in seinem letzten Teil sehr steiler, vom Bahnhof Irschen ausgehender Fahrweg oder eine über Dellach in die Schattseite des Drautals führende Straße lassen beinahe den steilen, exponierten Felskegel erreichen, auf dem Schloß Stein, das für Besucher nicht zugänglich ist, über tiefen Abgründen emporragt.
Die wehrtechnisch geschickt dem Gelände angepaßte Anlage ist zweiteilig. Sie besteht aus dem Hauptkomplex und dem, auf einem benachbarten Felsstock errichteten, befestigten Vorwerk, welches von einem quadratischen Turmbau beherrscht wird. Dieser Turm erfüllte auch die Funktion eines starken, von einem kleinen Bering umgebenen Torbaues, durch den im Mittelalter der einzige Zugang zum hochliegenden äußeren Eingang an der Ostseite des Palas über einen schießschartenbestückten Wehrgang und eine anschließende, den tiefen Abgrund zwischen Hauptburg und Vorwerk überspannende Zugbrücke führte, die in Notfällen rasch aufgezogen werden konnte. Erst später, als diese Verteidigungseinrichtung ihren Zweck weitgehend verloren hatte und zu verfallen begann, wurde der Eingang zur Wohnburg, wohl auch aus praktischen Gründen, nach Süden verlegt.
Der dreigeschossige Turm konnte vorzeiten eine Doppelfunktion dahingehend erfüllen, daß zum einen der von Osten heranführende Burgweg bestens überwacht und verteidigt werden konnte, zum anderen auch die Ostseite der Hauptburg mit Palas und Kapelle in seinem Schutzbereich lag.
Heute bietet sich von seinem obersten Geschoß ein weiter Ausblick in das Drautal bis in die Oberdrauburger und Greifenburger Gegend.
Der Schloßbau selbst, welcher gut erhalten ist und noch im Sommer und Herbst bewohnt wird, geht auf eine kleine, romanische Burganlage zurück, die in der zweiten Hälfte des 12. Jahrhunderts entstanden sein dürfte, und aus einem, den südlichen und östlichen Bereich des Burgfelsens einnehmenden, für Wohn- und Wirtschaftszwecke verwendeten Gebäude, dessen untere Räume zum Teil aus dem Fels gehauen wurden, bestand. Daneben wurde eine gegen Nordost gerichtete Kapelle errichtet. Diesen Bauten war gegen Norden ein wegen der Beengtheit des Burgplatzes nur kleiner Hof vorgelagert, der beim späteren Aus- und Umbau der alten Burg zu einem Wohnschloß durch Verbauung gänzlich verschwunden ist. Geblieben ist hingegen der eher burghafte Charakter des Gebäudes, der durch die baulichen Veränderungen um 1500 und um 1700 nicht gänzlich beseitigt wurde.

Im letzten Jahr des 15. Jahrhunderts wurde von Meister Bartlmä Viertaler ein erster Ausbau vorgenommen, wobei der Palas um ein Geschoß erhöht und durch Zubauten erweitert wurde. Der so entstehende Gebäudekomplex erhielt eine einheitliche Dachkonstruktion, nur der etwas niedrigere Kapellenbau wurde gesondert eingedeckt und mit einem Glockentürmchen versehen. Integrierte Wendeltreppen stellen die Verbindung zwischen den Stockwerken her.

Der einzige Zugang zum gut erhaltenen Burgschloß erfolgt heute über eine schmale Betonbrücke mit Steinstufen im Süden des Objektes, die zu dem um 1700 neu errichteten Torbau mit überdecktem Aufgang führt.

Die urkundlich 1334 genannte Kapelle, den beiden Heiligen Valentin und Martin geweiht, war ursprünglich eingeschossig, erhielt jedoch beim Umbau durch Meister Viertaler ein Obergeschoß aufgesetzt, das durch eine Rechteckköffnung in der Flachdecke des unteren Kapellenraumes erreichbar ist. Die obere Kapelle besitzt ein spätgotisches Tonnengewölbe mit auf Konsolen ruhendem Stuckrippennetz. Schlußsteine mit den Wappen Graf Leonhards von Görz und seiner Gemahlin Paola Gonzaga sowie Medaillons mit Ornamenten und Darstellung der Kirchenväter und Evangelisten zieren Apsis und Gewölbe. Bemerkenswert sind eine geschnitzte Bischofsfigur aus spätgotischer Zeit sowie erst 1975 freigelegte Freskenmalereien. Die übrige Ausstattung der Kapelle entstammt im wesentlichen dem 18. Jahrhundert.

Die Herren *de Lapide* werden erstmals 1190 erwähnt. Die Burg war lange Zeit im Besitz der Grafen von Görz und dürfte nach 1335 zunächst an das Geschlecht der Ortenburger gekommen sein, deren spätere Erben, die Grafen von Cilli, die Burg ab 1420 innehatten. Als diese ausstarben, fielen die Besitzrechte 1456 an den Habsburger Friedrich III., welcher die Burg an Pfleger vergab.

Von 1462 bis 1500 war Stein im Besitz des Grafen Leonhard von Görz und dessen Gattin Paola Gonzaga. Nach dem Tod des Grafen verlieh Maximilian I. die Burg an Lukas von Graben, der ihre unter Leonhard von Görz begonnene Umgestaltung zum Schloß weiterführen ließ und in dessen Familie sie bis 1664 verblieb. 1668 überantwortete Kaiser Leopold I. dem Balthasar de Peverellis das Lehensgut um 8000 Gulden als freien allodialen Besitz. Schließlich wurden Schloß und Herrschaft 1681 durch Graf Georg Niklas von Rosenberg erworben, in dessen Nachfolgeschaft Stein bis heute verblieb.

Schloß Stein in der Schattseite des Oberdrautales (Ansicht von Nordosten)

Straßburg

Das Ortsbild der Stadt Straßburg im Gurktal wird von der höherliegenden ehemaligen Residenzburg der Gurker Bischöfe bestimmt, die nach 1956 einer sorgfältigen Restaurierung unterworfen und mit neuem Leben erfüllt wurde. Das Schloß entwickelt sich immer mehr zu einem Zentrum der Kommunikation sowie kultureller Ausstellungen (volkskundliches und kirchliches Museum) und Veranstaltungen.
Die weitläufige Anlage wird von einer Wehrmauer umgeben, die im Norden und gegen Osten durch vorspringende, halbrunde Basteien gesichert wird, deren Errichtung in das 16. und 17. Jahrhundert fällt. Im Nordwesten ist ein von Johann Anton Verda 1583/84 erbautes, dreigeschossiges Kasten- und Stallgebäude, das durch einen Arkadengang mit den Hauptgebäuden in Verbindung steht, direkt in den Mauerring integriert.
Der im Westen und Norden des Burgberges verlaufende, ansteigende Fahrweg erreicht zunächst ein erstes äußeres Tor, das in eine basteiähnliche Vorbefestigung führt, bevor man zum zweiten Tor gelangt, dessen Portal die Jahreszahl 1685 und das Wappen sowie eine figürliche Darstellung des Kardinals Goess zeigt.

Vorbei an einem als *Fallturm* bezeichneten, westlich gelegenen, sechsgeschossigen Bergfried, im 12. Jahrhundert entstanden und im 15. Jahrhundert durch Umbau verändert, kommt man nach Durchschreiten eines dritten Tores (bezeichnet 1686) in den unregelmäßigen Hof des Schlosses, dessen zweigeschossige Arkaden 1685–1689 durch Johann Payr erbaut wurden.
Um den Hof gruppieren sich der Nordtrakt mit zwei Turmbauten, wovon der rechtsliegende, sogenannte *Münzturm* (12. und 15. Jhdt.) zinnenbewehrt ist, der Osttrakt mit ehemaligem Rittersaal (heute Jagdmuseum), eine dem heiligen Mauritius geweihte, barockisierte Kapelle, der zweistöckige südliche Festsaaltrakt (erbaut 1611, nach Einsturz durch Neubau mit Terrasse aus 1959 ersetzt) und der Westtrakt, in dessen Erdgeschoß sich eine Gaststätte und im Obergeschoß ein Kapellenraum sowie neu adaptierte Ausstellungsräume befinden.
Bischof Roman I. ließ um 1147 eine erste Burganlage errichten, die in der Folge Sitz der Gurker Fürstbischöfe wurde. In dieser Zeit entstanden ein Bergfried im Norden des Burghügels sowie der Palas im Osten mit der bischöflichen Kapelle.
Ein Umbau und die Befestigung durch umfassende Wehranlagen erfolgte bereits um 1330 unter Bischof Gerold, doch kam es einige Jahre später zu einem Großbrand, der die Burg weitgehend einäscherte. Rund hundert Jahre später ließ Ulrich III. von Sonnenberg die Burg im Stil der Hochgotik erneuern, doch folgten in der Renaissance- und Barockzeit weitere Um- und Zubauten.
Die Blütezeit Straßburgs als Residenz fällt in die Jahre von Kardinal Goess (1675–1696), der die Hofarkaden vollenden und die Schloßkapelle durch die Künstler Gabriel Wittini und Adam Claus reich ausstatten ließ.

Als 1767 ein verheerendes Erdbeben die prachtvolle Anlage schwer in Mitleidenschaft zog, wurde der Bischofssitz 1780 nach Zwischenwässern, in das neu errichtete Schloß Pöckstein (s. d.), und 1786 nach Klagenfurt verlegt.
Die ehemalige Residenz der Gurker Bischöfe verfiel in der Folge zusehends. Zwar wurden nach einem Brand durch Blitzschlag (1856) wenigstens die Dächer des Schlosses instandgesetzt, doch sah man aus Unverstand die unbewohnten Gebäude gerne als eine Art Steinbruch an, wo man sich mit allerlei Baumaterial versorgen konnte.

Nach einem neuerlichen Erdbeben im Jahre 1911 stürzte der Südtrakt des Schlosses ein, und erst nach dem Zweiten Weltkrieg bildete sich ein Verein, der später mit Unterstützung der Diözese Gurk die dringend notwendige Renovierung der verfallenden Gemäuer in Angriff nahm, die dazu führte, daß auf diese Weise der kunsthistorisch bedeutsame Schloßbau vor dem gänzlichen Zusammenbruch gerettet und der Nachwelt erhalten werden konnte.

Restaurierte Ruine der Burg Taggenbrunn bei St. Veit/Glan

Taggenbrunn

Die als beliebtes Ausflugsziel für alt und jung weit über die Grenzen Kärntens hinaus bekannte Ruine der Burg Taggenbrunn liegt auf einem östlich von St. Veit/Glan über dem Glantal aufragenden Bergkegel. Ein ausreichend breiter Fahrweg führt direkt zur Burg, die in den Jahren 1974/75 gründlich restauriert und gesichert wurde.

Die althergebrachten Gemäuer wurden durch Einrichtung einer Burgtaverne unter weitgehender Rücksichtnahme auf Belange der Denkmalpflege in sinnvoller Weise neu belebt.

Die wehrhafte Anlage steht auf urgeschichtlich bedeutsamem Boden und wurde erstmals 1157 urkundlich im Besitz des Erzbistums Salzburg erwähnt. Als Erbauer des ersten befestigten Bergfrieds gilt der Ministeriale Tageno de Pongo. Erst um 1240 ausgebaut, wurde die Burg bereits 1259 im Zuge einer Fehde zwischen den Spanheimern und dem Salzburger Erzbischof zerstört.

Dasselbe Schicksal erlitt der wieder erneuerte Wehrbau im Jahre 1480, als die von Ungarn besetzte Feste durch Truppen Kaiser Friedrichs III. belagert und erstürmt wurde.

Dennoch ließ Erzbischof Leonhard von Keutschach nach 1494 Taggenbrunn über den Resten der alten Burg nach den damals modernsten wehrtechnischen Richtlinien erneuern, und nach Erweiterungen im Laufe des 16. und 17. Jahrhunderts hatte die Wehranlage ihre endgültige Gestalt erreicht. Unterhalb der Burg entstanden um 1500 einige Wirtschaftsgebäude, u. a. ein noch erhaltener spätgotischer Schüttkasten mit dem Wappen Salzburg-Keutschach (bez. Anno domini 1503).

Ein starker, geschlossener, äußerer Bering mit Wehrgängen wurde zur besseren Einsichtigkeit und Verteidigung der Mauer durch drei runde, vorspringende Ecktürme mit Scharten zusätzlich geschützt. Das äußere Burgtor im Westen konnte von einem aus der Mauer ragenden, bastionsartigen Bau mit Schießscharten bestens eingesehen und verteidigt werden.

Zum Tor gelangte man über eine vorgelagerte Rampe mit Zugbrücke, die sowohl im Schutzbereich des südwestlichen Wachturmes als auch der erwähnten Bastion lag.

Ein hinter dem äußeren Befestigungsring liegender Zwinger umfaßt die ebenfalls von einem Bering umgebene, längsgerichtete Hauptburg, die früher durch ein inneres Burgtor von Westen her zugänglich war. Kernbau ist hier nicht der sonst bei Burgen übliche Bergfried, der nach der Zerstörung im Ungarnkrieg nicht mehr erneuert wurde, sondern ein mehrgeschossiges Festes Haus im Norden des Innenhofes, dem später gegen Süden zu weitere Wohn- und Wirtschaftsgebäude angebaut wurden. Die Wasserversorgung von Taggenbrunn wurde durch einen im Burghof in die Tiefe führenden Brunnen gewährleistet.

Im Zwinger zwischen äußerem und innerem Bering entstanden ebenfalls Zubauten, so Stallungen im Norden und ein Gebäude mit Durchgang im Osten, in dessen zweitem Geschoß sich die Burgkapelle befand. Der südöstliche Mauerturm ist direkt aus dem Bereich der Hauptburg über eine auf spitzbogigen Pfeilern hochliegende Brücke erreichbar. Nach Leonhard von Keutschachs Tod wurde die Burg immer wieder von Pflegern Salzburgs verwaltet, bis sie 1692 aufgegeben wurde.

Als Taggenbrunn 1803 an Österreich kam, ließ Salzburg die restlichen noch in der Burg lagernden Waffen, wie Kanonen, Panzer, Schwerter und Schilde, wegbringen.

Um 1818 wird die einst stolze Feste bereits als Ruine bezeichnet, nachdem viele Leute der umliegenden Gegend das Burgareal aus Unverstand als Steinbruch betrachteten und noch intakte Bauelemente zur Errichtung eigener Häuser verschleppt wurden.

Nach 1858 gelangte Taggenbrunn in den Besitz der Familien Rayer und Paulitsch. 1899 erwarb Stefan Kleinszig die Ruine, in dessen Nachkommenschaft sie sich bis heute befindet und vorbildlich erhalten wird.

Tentschach

Im Schlösserkranz rund um Klagenfurt nimmt das Tentschacher Schloß allein schon wegen seiner exponierten, weit ins Land blickenden Lage eine hervorragende Stellung ein. Erreichbar über die durch Lendorf und Pitzelstätten führende Straße, gelangt man alsbald ins Tentschacher Gebiet, wo das mit burghaftem Charakter aufwartende, dreigeschossige Schloß sogleich die Blicke auf sich lenkt. Bei genauerer Betrachtung hinterläßt der Bau aber einen nur gering ausgeprägten wehrhaften Eindruck, wurde er doch in der zweiten Hälfte des 16. Jahrhunderts auf älterer Grundlage weitgehend erneuert, wobei die wehrhafte Komponente in den Hintergrund trat, obwohl die Errichtung von drei wuchtigen, vorspringenden Rundtürmen an den Ecken der Süd- und Nordostseite noch als Zugeständnis an überkommene mittelalterliche Bauvorstellungen zu werten ist.
Die viergeschossigen Türme trugen ursprünglich Zwiebelhelme, doch wurden bei einem Umbau gegen Ende des 19. Jahrhunderts Kegeldächer auf die jetzt vorkragenden und mit neoromanischem Bogenfries versehenen obersten Geschosse gesetzt. Der fünfachsige Bau umschließt einen kleinen, quadratischen Innenhof mit Pfeilerarkaden, an der Ostseite findet sich ein rundbogiges Rustikaportal mit darüberliegendem, dreiseitigem Wappenerker, dessen Fenster Butzen- und Wappenscheiben haben.
Im Erdgeschoß des nordöstlichen Rundturmes befindet sich die im Jahre 1700 dem heiligen Nikolaus geweihte Schloßkapelle, welche zuletzt 1966 renoviert wurde.

Der bemerkenswerte Hochaltar trägt das Wappen seines Stifters Graf Kaiserstein, die hohen neugotischen Maßwerkfenster zeigen in ihrer Verglasung mehrere Wappen von Besitzern des Schlosses. Das Geschlecht der Herren von Tentschach, welche als landesfürstliche Ministerialen in Erscheinung treten, findet urkundlich erstmals 1236 Erwähnung. Später folgten die Gera, die Pibriacher, die Rumpf von Wullroß und andere Besitzer. Heute ist das in einem Park mit schönem Baumbestand liegende Schloß Privateigentum der Familie Kos.

Schloß Thurnhof in Zweinitz/Gurktal

Thurnhof

Das in Zweinitz, einem Dorf westlich von Gurk, gelegene Schloß Thurnhof stammt zwar aus dem 16. Jahrhundert und wurde im 18. Jahrhundert umgebaut, doch lassen sich Bauteile einer älteren Burg, namens Pregrad, nachweisen. An den ehemaligen, viergeschossigen Wehr- und Wohnturm aus dem 14. Jahrhundert, der neuzeitliche Veränderungen an Fenster- und Türöffnungen zeigt, wurde gegen Osten zu der drei- bis viergeschossige, kubische Schloßbau angefügt, welcher ein Walmdach trägt, das an den Ecken jeweils ein kleines Mauertürmchen besitzt.

Das an der Nordseite des Schlosses befindliche Rustikaportal stammt aus der Zeit um 1560 und trägt in seinem Schlußstein eine Löwenmaske. Darüber prangen das Wappenrelief (bez. 1585) des Bauherrn Veit Jochner und seiner Frau Barbara, geb. Reidhaupt, sowie ein verblaßtes Fresko. An der Nord- und Südseite befindet sich je ein gekuppeltes Renaissance-Fenster.

Seit dem 12. Jahrhundert hatte das Ministerialengeschlecht derer von Pregrad die dem Bistum Gurk gehörige alte Burg inne.

Im 14. und 15. Jahrhundert folgten ihnen zunächst die Hofmann von Wald, danach die Jochner, unter denen der Thurnhof ausgebaut wurde. Die Bezeichnung *Thurnhof* war seit dem 13. Jahrhundert als Name für die Burg in Gebrauch gekommen und ersetzte Pregrad.

Um 1700 hatte die Familie Egger den Besitz inne, und im Jahre 1900 erwarb die Familie Funder das gut erhaltene Schloß.

Wappengrabstein des Andre Hofmann von Wald (1507) am Friedhof der Pfarrkirche St. Egyd in Zweinitz

Waisenberg

Die nordwestlich von Völkermarkt und St. Georgen am Weinberg im Trixner Tal liegende Ruine der Burg Waisenberg (urk. 1167) gehört mit zu den sehenswertesten Anlagen solcher Art in Kärnten, obwohl ihr Mauerwerk teilweise schon von Baumbestand und wildwachsendem Gestrüpp überwuchert wird, nachdem keinerlei Sicherungsarbeiten durchgeführt werden.

Der gesamte Burgbereich ist von einem äußeren Bering umgeben, der an vielen Stellen bereits gänzlich zusammengebrochen ist, nicht aber im Osten, wo ein mächtiger, zweigeschossiger Torbau aus der zweiten Hälfte des 16. Jahrhunderts emporragt, der als äußerstes Burgtor anzusehen ist. Über dem Tor prangte früher ein Stein (heute in Eberstein) mit dem Wappen des Andreas von Spangstein, der nach 1569 die Burg innehatte, und der Inschrift:

Vom Waisen hat Sein Nam diss Schloss,
o Gott von wunderthatten gross,
Wie du der Waisen Vatter bist,
so bhuet diss Hauss zu jeder Frist.

Der Torbau war zusätzlich durch eine Flankenmauer mit Schießscharten gesichert. Über eine, von der Torhalle ausgehende, enge Wendeltreppe, die in ihrer Einzigartigkeit an Kärntner Burgruinen noch bestens erhalten ist, konnte man in das Obergeschoß des Torturmes und eine an diese angebaute Bastei gelangen, die als besondere Schutzvorrichtung für das äußere Burgtor diente.

Nachdem man dieses durchschritten hat, führt der stetig ansteigende Burgweg entlang des nördlichen Berings, vorbei an einem im Nordwesten aus der Mauerflucht nach innen und außen vorspringenden Wachturm, zu einem zweiten, schon sehr verfallenen Außentor, welches sich in einer Mauer befindet, die den Bering mit dem runden Bergfried der Burg verbindet und früher sowohl Zinnen als auch einen Wehrgang trug.

Von hier wird rasch das innere Burgtor erreicht, welches in die Westfront der Hauptburg eingelassen ist. Eine gewölbte Torhalle führt in einen Innenhof, wo sich auch die für eine Wasserversorgung notwendige Zisterne befand.

Um diesen Burghof gruppieren sich Gebäude aus verschiedenen Bauperioden (13. bis 16. Jhdt.), von denen vor allem der mächtige, fünfgeschossige Bergfried und der beidseitig anschließende Palas, nördlicher und südlicher Teil bereits sehr verfallen, hervorzuheben sind.

Im Obergeschoß des Bergfrieds befand sich eine kreisförmige, dem heiligen Andreas geweihte Kapelle, welche früher von einer flachen Kuppel überwölbt war, wovon noch Ansätze zeugen.

Der Westtrakt des Palas mit begehbarer Stiegenanlage zeigt interessante Bauelemente, wie Türen- und Fensterrahmen mit spätgotischer Profilierung. Auch diverse Kellerräume der Burg haben den Verfall bisher überdauert.

Waisenberg war lange Zeit im Besitz des Bistums Gurk (seit 1043, mit Unterbrechungen) und wurde als Lehen oder in Pflege vergeben.

1530 gelangte die Burg durch Kauf an die Herrschaft Silberegg, danach werden als Besitzer angeführt: Andreas und Siegmund von Spangstein, Claudius und Johann-Jakob Schneeweiß sowie Siegmund Graf von Welz.

Ab 1713 erlangten die Grafen von Christalnigg die Eigentumsrechte über Waisenberg, das gegen Ende des 18. Jahrhunderts durch einen Brand in Mitleidenschaft gezogen wurde, worauf der Verfall einsetzte.

1940 fiel der Besitz vorübergehend an die Deutsche Ansiedlungsgesellschaft, bis er 1949 wieder an die Familie Christalnigg überging, in deren Nachkommenschaft er sich bis heute befindet.

Wasserleonburg

Das Schloß gewährt, am Südhang der Villacher Alpe gelegen, einen weiten Ausblick in das Gailtal und ist über einen von Saak bei Nötsch ausgehenden Fahrweg erreichbar.

Die Löwen- oder Leonburg, Vorgängerbau des heutigen Schlosses, stand östlich der jetzigen Anlage und wurde durch das schwere Erdbeben des Jahres 1348 weitgehend zerstört. Erst nach der Neuerrichtung an einem geschützteren Burgplatz im Westen bürgerte sich der Name Wasserleonburg ein, nach F. X. Kohla vermutlich in bezug auf die durch das Beben und einen Teilabsturz des Dobratsch ausgelösten Geländeveränderungen, wodurch es zur Aufstauung des Gailflusses und vorübergehenden Bildung eines Sees unterhalb der Burg gekommen war.

Die neue Anlage des späten 14. Jahrhunderts bestand zunächst nur aus einem Wohntrakt im Osten und dem anliegenden, mehrgeschossigen Bergfried, der später wiederholten baulichen Veränderungen unterworfen wurde, aber noch heute die übrigen Dachflächen an Höhe überragt und zuoberst einen Zinnenkranz trägt.

Erst gegen Ende des 16. Jahrhunderts erfolgte der Ausbau zum Schloß, wobei der ältere Bestand durch den Anbau von Gebäudeflügeln nach Westen erweitert wurde. So entstand auch der kleine, rechteckige Innenhof, in dem südlich ebenerdige Renaissancearkaden und östlich eine dreigeschossige Schauwand mit Rustikaportal ins Auge fallen.

Ein neuerlicher Umbau im Stile der Barockzeit erfolgte 1747, wobei vor allem die Westfassade verändert und deren Hauptportal und Fenster mit geschwungenen Laibungen versehen wurden. Eine dem heiligen Josef geweihte, achteckige Kapelle wurde 1723 durch Anton von Semler neu eingerichtet. Bemerkenswert sind vortreffliche Tür- und Fenstergewände sowie die reiche Stuckdecke. Ein Hochaltar aus Marmor mit Viersäulenaufbau, Mittelbild und seitlichen Heiligenfiguren beherrscht das Innere.

Dem Schloßbau ist im Westen ein weitläufiger Park mit Steinbrunnen vorgelagert, der gegen Norden durch ein langgezogenes Wirtschaftsgebäude und gegen Osten durch Reste der ehemaligen Umfassungsmauer begrenzt wird.

Gegen den Einspruch Bambergs, in dessen Bereich die alte Leonburg lag, fiel die Herrschaft 1253 durch Schenkung des Cholo und Reinbert von Ras an den Salzburger Bischof Philipp. Später wieder kurzfristig im Besitz des Bamberger Bistums, gelangte die Burg bereits gegen Ende des 13. Jahrhunderts an die Kärntner Herzöge, welche damit den Vizedom Heinrich von Graland belehnten, dem sein Sohn nachfolgte. 1336 gelangte die Leonburg an die Habsburger, die sie an verschiedene Adelsfamilien, u. a. an die Ungnad und Weißenegger, als Lehen vergaben.

1522 kaufte der Villacher Gewerke Wilhelm Neumann, der durch den Besitz von Blei- und Quecksilbergruben zu großem Reichtum gekommen war, die inzwischen neu errichtete Wasserleonburg, die nach seinem Tod an seine zweite Frau Barbara, geb. Rumpf von Wullroß, fiel. Beider Tochter, die 1535 geborene Anna Neumann, führte ein außergewöhnliches Leben und lieferte allein schon wegen ihrer sechs Ehen zu allen Zeiten reichlich Stoff

für Erzählungen und Gerüchte. Mit 22 Jahren, für ihren Stand sehr spät, wurde Anna mit Hans Jakob von Thannhausen verheiratet. Dieses Adelsgeschlecht hatte großen Lehensbesitz im Lungau und in der Weststeiermark sowie Goldbergwerke. Nach dem Tod ihres ersten Gatten (1560) vergingen über fünf Jahre, bis Anna ein neuerliches Ehebündnis schloß, diesmal mit Christoph von Liechtenstein, Mitglied einer alten steirischen Ministerialenfamilie. In der Folgezeit starben viele Verwandte Annas, so daß sie nach dem Tod ihrer Brüder und ihrer Mutter im Jahre 1572 als Alleinerbin in den Besitz der Herrschaften Wasserleonburg, Treffen, Leonstain in Pörtschach und Vorderberg im Gailtal kam. Zugleich erwarb sie auch die verschuldete Liechtensteinsche Besitzung Murau.

Nach dem frühen Tod Christophs und dem ebenso raschen Hinscheiden ihres dritten Mannes, Ludwig Ungnad von Sonnegg, ehelichte Anna den begüterten Carl Freiherrn von Teuffenbach. Sie widmete ihre Aufmerksamkeit vornehmlich der Verwaltung und Vermehrung ihres Besitzes, kaufte einige verschuldete Güter und erregte so den Neid vieler. Mit 75 Jahren wurde Anna zum viertenmal Witwe, doch auch ihre fünfte Ehe mit dem Grafen Ferdinand von Ortenburg-Salamanca wurde durch dessen Tod vorzeitig beendet.

Zuletzt heiratete die Einundachtzigjährige den fünfzig Jahre jüngeren Grafen Georg-Ludwig von Schwarzenberg. Dieser war jedoch als Gesandter Kaiser Ferdinands ständig in diplomatischer Mission unterwegs.

Erst kurz vor dem Ableben Annas (1623) kehrte Graf Georg-Ludwig nach Hause zurück und erbte laut Testament die Herrschaft Murau, wodurch der Grundstein für den späteren Aufstieg des Hauses Schwarzenberg gelegt wurde. Annas Urgroßneffe Christian Proy von Burgwalden erhielt hingegen die Kärntner Besitzungen und somit auch Schloß Wasserleonburg.

Durch Heirat gelangte dieses später an die Familie Semler zu Scharfenstein, die den barocken Umbau des Westtraktes durchführen ließ.

Spätere Besitzer waren u. a. Graf Attems, Romuald Holenia und Graf Münster, der in den zwanziger Jahren unseres Jahrhunderts eine grundlegende Restaurierung des Schlosses in Auftrag gab. Zur Zeit gehört Wasserleonburg der Familie Friedrichs, die für den gepflegten Gesamtzustand der Objekte und des Parks Sorge trägt.

Bildnis der Anna Neumann

Weyer

Im Nordosten von St. Veit/Glan steht nahe dem Wimitzbach das ehemalige Wasserschloß Weyer, ein durch Türme und Erker bestimmter, uneinheitlicher Renaissancebau, der auf älterer Grundlage entstanden ist und seinen ursprünglich wehrhaften Charakter nicht verleugnen kann.
Der trapezförmige Innenhof, der zweigeschossige Säulenarkaden besitzt und in dem spätgotisch profilierte Fenstergewände erhalten sind, wird im Süden und Norden von zwei Wohntrakten und an den beiden Seiten im Westen und Osten durch je einen die beiden Hauptflügel verbindenden schmäleren Trakt begrenzt.

Der südliche Baukörper besitzt zwei übereckgestellte Türme, der nördliche wird an seinen Ecken ebenfalls von je einem massiven Flügelturm mit Pyramidendach flankiert.

An der westlichen Schmalseite des Nordtraktes fällt ein über die beiden oberen Stockwerke reichender, separat gedeckter Erker ins Auge, der über einem kleinen Rustikaportal vorkragt. Etwa aus der Mitte der Westfront springt ein massiver Torturm mit dem Hauptportal vor, in dessen Steinumrahmung noch die Kettenrollen einer ehemals vorhandenen Zugbrücke existieren, welche einen breiten Wassergraben überspannte, der die gesamte Schloßanlage umgab und durch Wasserzufluß aus der Wimitz gespeist wurde.

Über diesem Tor ist das Wappen der Liechtenstein-Kühnburg angebracht, welche laut einer dort angebrachten Inschrift das Schloß nach 1585 um- und ausbauen ließen.

Urkundlich wird Weyer mehrfach im 15. Jahrhundert erwähnt, und zwar im Eigentum der Schenken von Osterwitz. Nach dem Aussterben dieses Geschlechtes erlangte 1532 der St. Veiter Bürger Hans Gortschacher die Besitzrechte, die später an die Familien Rülko und Lind übergingen. 1585 erwarben Anna von Liechtenstein, geb. Khünburg, und ihr Gatte Rudolf den befestigten Bau und ließen ihn in der Folge schloßartig umbauen. Nach weiteren Besitzerwechseln gelangte Weyer an das Bistum Gurk und an das Kloster St. Georgen am Längsee.

Nach der Aufhebung des Klosters infolge der josefinischen Reformen sah man als Inhaber u. a. die Grafen Egger sowie die Familien Lemisch und Knaus.

Nach Jahren der Vernachlässigung und des einsetzenden Verfalls, versuchen nunmehr die Tierärzte Dr. Leber und Dr. Liebich durch Einrichtung einer Tierklinik, Schloß Weyer wieder einer Revitalisierung zuzuführen.

Turm zu Winklern im Mölltal

Winklern

Inmitten des Dorfes Winklern, wo der Möllfluß seine Richtung ändert und die Mölltaler Bundesstraße die Paßstraße über den Iselsberg kreuzt, ragt ein alter, mehrgeschossiger Turm gegen den Himmel. Dieser ist als ehemaliger Bergfried einer dort im Mittelalter stehenden Feste anzusehen. Während von der übrigen Burganlage nichts mehr erhalten blieb, beließ man den Wehrturm, der als Wahrzeichen des Ortes mehrfach umgebaut und renoviert wurde.
Sein Bruchsteinmauerwerk und seine spitzbogigen Fenster weisen auf eine Entstehungszeit im 14. oder 15. Jahrhundert. Das oberste Geschoß des über rechteckigem Grundriß errichteten Turmes wurde um 1900 neu gestaltet und mit einem Pyramidendach versehen. Eine ehemals in die Außenmauer eingelassene dekorative Fenstergruppe, bestehend aus drei kleinen spitzbogigen Öffnungen und einer darüberliegenden Rundluke, ist nicht mehr vorhanden. Sie war mit ähnlichen Bauelementen an den Burgen Glanegg, Niederkraig, Alt-Mannsberg und Liebenfels vergleichbar, deren Funktion zu Signalzwecken möglich erscheint, aber nicht nachweislich belegbar ist.
Seit dem 13. Jahrhundert im Besitz der Grafen von Görz, hatte die alte Wehranlage eine besondere Schutzfunktion für die in Winklern angesiedelte Zoll- und Mautstelle, welche den Güterverkehr überwachte, vorwiegend jenen, der über die alte Handelsstraße (Italien–Plöckenpaß–Gailbergsattel–oberes Drautal–Dölsach–Iselsberg–Winklern–nach Norden) abgewickelt wurde.
Bis 1460 hatten die Görzer diesen wichtigen Stützpunkt inne, welcher durch den Frieden von Pusarnitz an das Haus Habsburg fiel und von diesem als Lehen vergeben wurde.
Lehensträger waren u. a. die Familien Waching, Langauer, Graf und Krell.
1949 ging der Turm zu Winklern an die Familie Wirth über.

Fachausdrücke

Alliancewappen – Verbindung zweier oder mehrerer Wappen

Allod – Eigenbesitz eines Adeligen

Anachronismus – zeitlich überholte Einrichtung

Apsis – Altarnische am Ende des Chors, ursprünglich halbrund

Aquädukt – über eine Brücke geführte Wasserleitung

Arkaden – Spitz- oder Rundbogen über Säulen oder Pfeilern

Balustrade – Geländer

Bastion – Verteidigungsanlage zum Flankenschutz und Sicherung des Burggrabens

Bergfried – Hauptturm der Burg; Funktion als Zufluchtsstätte der Verteidiger, seltener als Wohnstätte; meist mit Hocheinstieg und Wehrplattform; manchmal Zinnenabschluß

Bering – eine die Burganlage ringförmig umgebende Mauer mit Verteidigungseinrichtungen, wie Schießscharten, Zinnen, Wehrgängen und Wachtürmen

Bruchsteinmauerwerk – Mauern aus unbehauenen Natursteinen

Buhurt – Reiterkampfspiele mit Schild und Speer

Burghut – Befehlsgewalt über eine Burg

Dachreiter – kleiner Turm am Dachfirst

Dynasten – Herrscher, Fürsten

Empore – tribünen- oder galerieartiger Aufbau im Kircheninneren

Erker – aus der Mauer vorspringender Gebäudeteil, meist über Konsolen oder Kragsteinen

Fallgitter – Gitter aus Eisen oder Holz zum raschen Verschließen eines Tordurchganges

Fallturm – Gefängnisturm

Fehde – angekündigte Feindschaft zwischen Adelshäusern

Feldschlange – mittleres Geschütz

Fresken – auf nassem Verputz aufgetragene Malereien

Fries – plastischer oder gemalter Streifen zum Schmuck oder zur Gliederung von Wänden und Fassaden

Gewände – seitliche, meist verzierte Rahmung von Fenstern und Türen

Gußerker – aus der Mauer vorspringende Öffnung, durch die der Angreifer mit verschiedenen Kampfmitteln (Pech, heißes Wasser oder Öl, Steinen etc.) bekämpft werden konnte

Hakenbüchse – Handfeuerwaffe mit Haken als Auflagevorrichtung

Halsgraben – künstlich angelegter Graben, der oft von einer Zugbrücke überspannt wurde

Hauptburg – (Hochburg), der durch eine Vorburg gesicherte, oftmals höher gelegene, ältere Teil einer Wehranlage

Hellebarde – mittelalterliche Hieb- und Stoßwaffe

Kapitell – der ausladende, plastisch gestaltete oberste Teil einer Säule oder eines Pfeilers

Kasematten – schußsichere Unterstände, Bereitschafts- oder Vorratsräume in Festungen

Kassettendecke – in vertiefte Felder oder geometrische Figuren mit Profilen aufgeteilte Holzdecken

Kielbogen – geschweift zulaufender Spitzbogen

Klassizismus – die Klassik nachahmende Stilrichtung; bes. Stil um 1800

Kragstein – aus der Mauer vorspringende Tragsteine für Erker, Gesimse

Kreuzgratgewölbe – ein Gewölbe, das bei rechtwinkeliger Durchdringung von zwei querschnittgleichen Tonnengewölben entsteht. Die Durchdringungs- oder Schnittstellen heißen Grate.

Kreuzrippengewölbe – ein Gewölbe, bei welchem sich anstatt der Grate Rippen spannen

Laibung – seitliche, meist unverzierte glatte Rahmung von Fenstern und Türen

Laterne – Turmaufbau

Laubengang – ebenerdiger Bogengang (Arkadengang)

Lehen – Land- oder Burgbesitz, für Dienstleistungen verliehen, auf Lebenszeit oder erblich; wurde später oft Eigenbesitz

Lisene – senkrechter, flacher Mauerstreifen zur Gliederung von Flächen

Ministerialen – Lehensleute aus dem Kleinadel im Dienste des Hochadels

Muskete – schwere Handfeuerwaffe

Obelisk – freistehender Spitzpfeiler

Palas – Hauptwohngebäude der Burg

Palisade – Zaun aus aneinandergefügten Pfählen

Literaturverzeichnis

Pfalz – Residenzburg des Kaisers, Königs oder Landesfürsten

Pfleger – für die Verwaltung einer Burg zuständiger Lehensträger

Pilaster – (flacher) Wandpfeiler

polygonal – vieleckig

Portikus – Säulenhalle

Porphyr – dichtes, feinkörniges Ergußgestein mit eingestreuten Kristallen

profiliert – mit Profil versehen, gerillt

Profilierung – Umrisse eines Bauelementes

Risalit – ein aus der Mauerflucht vorspringender Gebäudeteil, der vom Boden bis zum Dach reicht

Rudiment – Rest, Bruchstück

Runddienste – lange, runde Halb- oder Dreiviertelsäulchen, die als Bestandteile von gotischen Pfeilern die Gurten und Rippen eines Kreuzrippengewölbes stützen

Rustika – aus Quadern errichtetes Mauerwerk (z. B. an Portalen)

säkularisiert – verweltlicht

Schalenturm – halbrunder, nach innen offener Mauerturm

Schlußstein – mit Skulpturen, Wappen oder Ornamenten verzierter Stein

Serpentin – Mineral

Sgraffito – Kratzputzverzierung

Söller – überdachter oder freier Balkon auf Konsolen

Stichkappe – Gewölbekappe, die in die Rundfläche eines Deckengewölbes senkrecht zu dessen Achse einschneidet

Stuck – Mischung aus Gips, Kalk und Sand zur Formung von Plastiken und Ornamenten an Wänden und Decken

Stuckgrat – durch Mörtelputz betontes Grat

Tafelbilder – Gemälde auf Holztafeln

Taverne – Gasthaus einer Burg

Tonnengewölbe – ein Gewölbe, dessen Querschnitt ein Halbkreis oder ein Kreissegment ist

Triglyphen – Zierstück mit drei, durch Stege getrennte, senkrechten Rinnen

Truchseß – Vorgesetzter des Trosses

Turnier – Massenkampf von Reitern

Voluten – architektonische Zierstücke mit spiraligen Einrollungen

Vorburg – (Vorwerk) der Hauptburg vorgelagerte, befestigte Anlage

Zisterne – Behälter zum Sammeln von Regen- und Schmelzwasser

Zwillingsburg – zwei selbständige Burgbereiche als Verteidigungseinheit

Zwinger – Platz zwischen äußerer und innerer Burgmauer zur Verstärkung der Verteidigung

Broby-Johansen, Rudolf, Kunst- und Stillexikon, München 1979.

Burgen, Schlösser und Paläste, hrsg. von Christian Brandstätter und Hans Schaumberger, Wien 1983.

Carinthia I, Zeitschrift für geschichtliche Landeskunde von Kärnten (bis 1970: Geschichtliche und volkskundliche Beiträge zur Heimatkunde Kärntens). Mitteilungen des Geschichtsvereines für Kärnten (Aufsätze aus verschiedenen Jahrgängen).

Dinklage, Karl, Kärnten um 1620 – Die Bilder der Khevenhüller-Chronik, Wien 1980.

Dehio-Handbuch, Die Kunstdenkmäler Österreichs: Kärnten, hrsg. vom Institut für österr. Kunstforschung des Bundesdenkmalamtes, 2. Auflage, Wien 1981.

Egger, Rudolf, Die Reisetagebücher des Paolo Santonino, Klagenfurt 1978.

Erläuterungen zum historischen Atlas der österr. Alpenländer. Abt. II: Die Kirchen- und Grafschaftskarte.
Teil 1: Kärnten südlich der Drau. Von Walther Fresacher, Klagenfurt 1966.
Teil 2: Ost- und Mittelkärnten nördlich der Drau. Von Walther Fresacher u. a., Klagenfurt 1958.
Teil 3: Oberkärnten nördlich der Drau. Von Gotbert Moro, Klagenfurt 1959.
Archiv für vaterländische Geschichte und Topographie, Verlag des Geschichtsvereines, Bände 45, 52, 53.

Feuchtmüller, Rupert, Kunst in Österreich, 1. und 2. Band, Wien 1972/73.

Fräss-Ehrfeld, Claudia, Geschichte Kärntens, Band 1: Das Mittelalter, Klagenfurt 1984.

Fresacher, Walther, Zur Geschichte des Schlosses Stein bei Oberdrauburg, in: Carinthia I, 163. Jg., 1973, 105 ff.

Ginhart, Karl, Die Kunstdenkmäler Kärntens, Klagenfurt, 1929–1934.

Goess, Johann Zeno, Das Schloß Ebenthal in Kärnten, in: Carinthia I, 148. Jg., 1958, 437 ff.

Goess, Johann Zeno, Die neue Moosburg, in: Carinthia I, 152. Jg., 1962, 249 ff.

Gratzer, Robert, Friesach – Die bewegte Geschichte einer bedeutenden Stadt, Klagenfurt 1986.

Hartwagner, Siegfried, Kärnten (Bezirk St. Veit/Glan), Österr. Kunstmonographie, Band VIII, Salzburg 1977.

Henckel, Hugo, Burgen und Schlösser in Kärnten, 1. und 2. Band, Klagenfurt 1964.

Kohla, F. X., G. A. v. Metnitz, G. Moro, Kärntner Burgenkunde, 1. Teil: Kärntens Burgen, Schlösser, Ansitze und wehrhafte Stätten. Von F. X. Kohla, mit Ergänzung von G. Moro. Aus Forschung und Kunst 17/1, Geschichtsverein für Kärnten, 2. Auflage, Klagenfurt 1973.

Kohla, F. X., G. A. v. Metnitz, G. Moro, Kärntner Burgenkunde, 2. Teil: Quellen- und Literaturhinweise zur geschichtlichen und rechtlichen Stellung der Burgen, Schlösser und Ansitze in Kärnten sowie ihre Besitzer. Von Gustav Adolf von Metnitz, mit einem Vorwort von Gotbert Moro. Aus Forschung und Kunst 17/2, Geschichtsverein für Kärnten, 2. Auflage, Klagenfurt 1973.

Kohla, Franz Xaver, Der Turm im Kärntner Burgenbau, in: Carinthia I, 144. Jg., 1954, 597 ff.

Kranzmayer, Eberhard, Ortsnamenbuch von Kärnten, Archiv für vaterländische Geschichte und Topographie, 50. Band, Geschichtsverein für Kärnten, Klagenfurt 1956.

Lindsberger, Josef F., Kleine Chronik über die Geschichte des Oberen Mölltales und des ehemaligen Marktes Döllach, im Eigenverlag des Verfassers.

Lorenz, Gerhard, Adelssitze Kärntens im Wandel der Zeit, Klagenfurt 1977.

Luschin, Hans und Berta, Kärntens schönste Wehrkirchen, Klagenfurt 1985.

Megiser, Hieronymus, Annales Carinthiae, Leipzig 1612.

Merian, Matthäus, Topographia provinciarum Austriacarum: Austriae, Styriae, Carinthiae c., Frankfurt/Main 1649, Sonderausgabe Kärnten 1964.

Neckheim, Günther Hermann, Der Bildhauer Martin Pacobello, in: Carinthia I, 147. Jg., 1957, 594 ff.

Neumann-Adrian, Michael, Hochosterwitz und die Khevenhüllers, in: Merian – Kärnten, Hamburg 1986, 160 ff.

Pernhart, Markus, Burgen und Schlösser in Kärnten, 194 Bleistiftzeichnungen aus der Zeit um 1860, Klagenfurt 1976.

Pichler, Franz, Pläne zum Wiederaufbau von Burgen in Oberdrauburg, in: Carinthia I, 147. Jg., 1957, 409 ff.

Piper, Otto, Österreichische Burgen, 8 Bände, Wien 1902–1910.

Plechl, Pia Maria, Traumschlösser, 2. Auflage, Wien 1986.

Stenzel, Gerhard, Von Burg zu Burg in Österreich, 2. Auflage, Wien 1973.

Traar, Georg, Protestantische Sprüche im Schloß Hollenburg, in: Carinthia I, 148. Jg., 1958, 445.

Tremel, Ferdinand, Die Bauernkriege zu Beginn der Neuzeit und ihre wirtschaftlichen und sozialen Folgen, in: Wirtschafts- und Sozialgeschichte Österreichs, 132 ff.

Unrest, Jakob, Österreichische Chronik, hrsg. von Karl Großmann, Weimar 1957.

Ure, Josef, Bauernkrieg, Türkennot und ungarische Besitznahme in Kärnten unter Kaiser Friedrich III., Teil 1–2, in: 39. und 40. Jahresbericht der deutschen Staatsrealschule in Pilsen für das Schuljahr 1911/12 und 1912/13.

Valvasor, Johann Weichard, Topographiae Archiducatus Carinthiae antiquae et modernae completa, Nürnberg 1688, Neudruck Klagenfurt 1975.

Wieland, Wolfgang, Anna Neumanin von Wasserleonburg, Die Herrin von Murau, Judenburg 1986.

Wiessner, Hermann; Seebach, Gerhard, Kärntens Burgen und Schlösser; 1. Band: Friesach, St. Veit/Glan, Wolfsberg; 2. Band: Klagenfurt, Feldkirchen, Völkermarkt; 3. Band: Hermagor, Spittal/Drau, Villach; Wien 1977–1980.

Wutte, Martin, König Matthias Corvinus und seine Beziehungen zu Kärnten, in: Carinthia I, 1936, 32 ff.

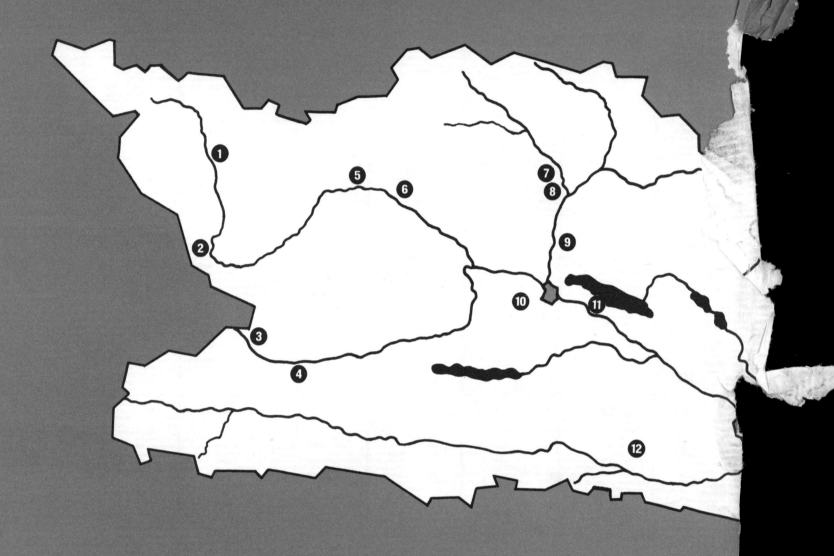

Von Türmen und Schlössern